AF204890

Tucholsky   Wagner   Zola   Scott   Sydow   Freud   Schlegel
    Turgenev   Wallace   Fonatne
    Twain   Walther von der Vogelweide   Fouqué   Friedrich II. von Preußen
        Weber   Freiligrath   Frey
Fechner   Fichte   Weiße Rose   von Fallersleben   Kant   Ernst   Richthofen   Frommel
    Fehrs   Engels   Fielding   Eichendorff   Tacitus   Dumas
        Faber   Flaubert
    Feuerbach   Maximilian I. von Habsburg   Fock   Eliasberg   Zweig   Ebner Eschenbach
        Ewald   Eliot   Vergil
    Goethe   Elisabeth von Österreich   London
Mendelssohn   Balzac   Shakespeare   Dostojewski   Ganghofer
    Trackl   Lichtenberg   Rathenau   Doyle   Gjellerup
Mommsen   Stevenson   Tolstoi   Hambruch
    Thoma   Lenz   Hanrieder   Droste-Hülshoff
Dach   Verne   von Arnim   Hägele   Hauff   Humboldt
    Karrillon   Reuter   Rousseau   Hagen   Hauptmann   Gautier
        Garschin
    Damaschke   Defoe   Hebbel   Baudelaire
        Descartes   Hegel   Kussmaul   Herder
Wolfram von Eschenbach   Dickens   Schopenhauer   Rilke   George
    Bronner   Darwin   Melville   Grimm   Jerome   Bebel
    Campe   Horváth   Aristoteles   Proust
Bismarck   Vigny   Barlach   Voltaire   Federer   Herodot
    Gengenbach   Heine
Storm   Casanova   Tersteegen   Grillparzer   Georgy
    Chamberlain   Lessing   Langbein   Gilm   Gryphius
Brentano   Lafontaine
Strachwitz   Claudius   Schiller   Kralik   Iffland   Sokrates
    Katharina II. von Rußland   Bellamy   Schilling
        Gerstäcker   Raabe   Gibbon   Tschechow
Löns   Hesse   Hoffmann   Gogol   Wilde   Vulpius
    Luther   Heym   Hofmannsthal   Klee   Hölty   Morgenstern   Gleim
    Roth   Heyse   Klopstock   Puschkin   Homer   Kleist   Goedicke
Luxemburg   La Roche   Horaz   Mörike   Musil
    Machiavelli   Kierkegaard   Kraft   Kraus
Navarra   Aurel   Musset
    Nestroy   Marie de France   Lamprecht   Kind   Kirchhoff   Hugo   Moltke
    Nietzsche   Nansen   Laotse   Ipsen   Liebknecht
        Marx   Lassalle   Gorki   Klett   Ringelnatz
von Ossietzky   May   Leibniz
    Petalozzi   vom Stein   Lawrence   Irving
        Platon   Knigge
    Sachs   Pückler   Michelangelo   Kafka
    Poe   Liebermann   Kock
        de Sade   Praetorius   Mistral   Zetkin   Korolenko

Der Verlag tredition aus Hamburg veröffentlicht in der Reihe TREDITION CLASSICS Werke aus mehr als zwei Jahrtausenden. Diese waren zu einem Großteil vergriffen oder nur noch antiquarisch erhältlich.

Symbolfigur für TREDITION CLASSICS ist Johannes Gutenberg (1400 — 1468), der Erfinder des Buchdrucks mit Metalllettern und der Druckerpresse.

Mit der Buchreihe TREDITION CLASSICS verfolgt tredition das Ziel, tausende Klassiker der Weltliteratur verschiedener Sprachen wieder als gedruckte Bücher aufzulegen – und das weltweit!

Die Buchreihe dient zur Bewahrung der Literatur und Förderung der Kultur. Sie trägt so dazu bei, dass viele tausend Werke nicht in Vergessenheit geraten.

Cato oder Von dem Greisenalter

Marcus Tullius Cicero

Impressum

Autor: Marcus Tullius Cicero
Umschlagkonzept: toepferschumann, Berlin

Verlag: tradition GmbH, Hamburg
ISBN: 978-3-8424-6958-7
Printed in Germany

Text der Originalausgabe

Cicero

Marcus Tullius Cicero's Cato

oder

Von dem Greisenalter

an

Titus Pomponius Atticus.

Uebersetzt und erklärt von Dr. Raphael Kühner.

Stuttgart, Krais & Hoffmann, 1864.

zu Cicero's Cato, Lälius und Paradoxen.

Bei meiner Uebersetzung von Cicero's Cato, Lälius und Parado-
xen habe ich die gründliche und durch Besonnenheit des Urtheils
ausgezeichnete Textesrecension von *Karl Halm* in der zweiten Auflage der Orelli'schen Ausgabe (M. Tullii Ciceronis Opera quae supers-
unt omnia ex recensione Jo. Casp. Orellii editio altera emendatior.
Volumen quartum. Turici, sumptibus ac typis Orellii Füsslini et Socio-
rum. MDCCCLXI) zu Grunde gelegt. Nur an wenigen Stellen sah ich
mich veranlaßt von derselben abzuweichen. Wo dieß aber gesche-
hen ist, habe ich es jedesmal in den Anmerkungen angezeigt, sowie
auch die Gründe angegeben, die mich dazu bestimmt haben.

Außerdem standen mir für die Beurtheilung des Textes, sowie für
die Uebersetzung und Erklärung desselben folgende Hülfsmittel zu
Gebote:

M. Tulii Ciceronis Cato Major seu de senectute et Paradoxa recensuit et scholiis Jacobi Facciolati suisque animadversionibus instruxit
Aug. Gotth. *Gernhard*. Lipsiae apud Gerhardum Fleischerum jun. 1819.

M. T. Ciceronis Laelius sive de amicitia dialogus recensuit et scholiis
Jacobi Facciolati suisque animadversionibus instruxit Aug. Gotth.
Gernhard. Lipsiae apud Gerhardum Fleischerum. 1825.

M. T. Ciceronis Laelius sive de amicitia dialogus. Mit einem Com-
mentar zum Privatgebrauche für reifere Gymnasialschüler und
angehende Philologen bearbeitet von Dr. Moritz *Seyffert*. Branden-
burg 1844. Druck und Verlag von Adolph Müller.

T. Ciceronis Cato Major sive de senectute dialogus erklärt von Juli-
us *Sommerbrodt*. Leipzig, Weidmann'sche Buchhandlung. 1851.

M. T. Ciceronis ad T. Pomponium Atticum de senectute liber, qui
inscribitur Cato Major, für den Schulgebrauch erklärt von Gustav
Lahmeyer. Leipzig, Druck und Verlag von B. G. Teubner. 1857.

M. T. Ciceronis de amicitia liber, qui inscribitur Laelius, für den
Schulgebrauch erklärt von Gustav *Lahmeyer*. Leipzig, Druck und
Verlag von B. G. Teubner. 1862.

Cicero's Paradoxa und Traum des Scipio, aus dem Lateinischen übersetzt und mit Anmerkungen erläutert. Berlin, bei Karl Matzdorff. 1791.

Des Marcus Tullius Cicero Cato der Aeltere oder Gespräch vom Greisenalter, Lälius oder Gespräch von der Freundschaft und Paradoxien, übersetzt und erläutert von Friedrich Carl Wolff. Altona bei Johann Friedrich Hammerich. 1805.

Cicero's Lälius oder Abhandlung von der Freundschaft, übersetzt von Dr.. Eucharius Ferdinand Christian Oertel. Ansbach, in der Gassert'schen Buchhandlung. 1821.

Marcus Tullius Cicero vom Greisenalter und von der Freundschaft, verdeutscht und erklärt von Dr. Karl Roth. Landshut, 1833. Druck und Verlag der Buch-, Kunst- und Musikalienhandlung von Joseph Thomann (Joh. Nep. Attenkofer).

Cicero's Cato oder vom Alter und Lälius oder von der Freundschaft, übersetzt von Friedrich Jacobs in der Sammlung von Reinhold Klotz: Cicero's sämmtliche Werke in Deutschen Uebersetzungen, Leipzig 1841. Verlag von Karl Focke.

Cicero's paradoxe Sätze der Stoiker, übersetzt von Johann Friedrich Schröder. Leipzig 1841, in derselben Sammlung.

Marcus Tullius Cicero's Cato der Aeltere oder vom Greisenalter und Lälius oder von der Freundschaft, übersetzt von Wilhelm Matthäus Pahl. Zweite Auflage. Stuttgart, Verlag der J. B. Metzler'schen Buchhandlung. 1857.

Hannover, am 20. April 1864.

R. Kühner.

in die Schrift über das Greisenalter[1] .

I. Verhältniß der Schrift über das Greisenalter zu den übrigen philosophischen Schriften Cicero's. – Dialogische Form. – Ort und Zeit. – Zweck.

1. Cicero's Abhandlung über das *Greisenalter* und die über die *Freundschaft*, die drei Bücher von den *Pflichten*, die zwei Bücher von dem *Ruhme*, von denen nur wenige Bruchstücke übrig geblieben sind, und die sechs *Paradoxa* sind, wie wir in der Einleitung zu den drei Büchern von dem Wesen der Götter (S. 4) gesehen haben, als Ergänzungswerke seiner moralischen Schriften zu betrachten.

2. Wie in fast allen seinen philosophischen Schriften, hat Cicero auch in der Abhandlung über das Greisenalter und in der über die Freundschaft die *dialogische* Form der Rede angewendet. Wir unterscheiden zwei Arten der dialogischen Komposition, nämlich die *Sokratische*, welche in Fragen und Antworten besteht, wie sie am Schönsten in den Platonischen Schriften entwickelt ist, und die welche darin besteht, daß zuerst Einer der Anwesenden einen zusammenhängenden Vortrag über eine aufgeworfene Frage hält, sodann ein Anderer dagegen auftritt und gleichfalls einen zusammenhängenden Vortrag hält, indem er entweder bloß die Gegengründe anführt, oder zugleich auch seine Ansichten über denselben Gegenstand entwickelt[2] . Dieser Aristotelischen Methode hat sich Cicero in fast allen philosophischen Schriften bedient, und auch in den beiden genannten Abhandlungen findet sie sich im Allgemeinen; doch bewegt sich in ihnen der Dialog freier und ahmt mehr die vertrauliche Unterhaltungsweise nach, wie sie sich in den Unterredungen fein gebildeter Männer zeigt.

---

[1] Ueber den Zustand der Philosophie bei den Römern vor Cicero, über die philosophischen Schulen, die zu Rom blühten, über das Leben Cicero's und über seine philosophischen Schriften habe ich ausführlich in der Schrift gesprochen, die den Titel führt: Marci Tullii Ciceronis in philosophiam ejusque partes merita. Hamburgi, sumptibus Friderici Perthes. 1825. Einen kurzen Auszug aus derselben habe ich in der Einleitung zu meiner Uebersetzung von Cicero's Tusculanen (Stuttgart, Krais und Hoffmann, 1855) gegeben.

[2] S. die Einleitung zu meiner Uebersetzung der drei Bücher von dem Wesen der Götter S. 9 f.

3. Der *Ort*, wo Cicero das Gespräch über das Greisenalter halten läßt, ist das Haus des Cato () und die *Zeit*, in die er das Gespräch setzt, ist das Jahr vor Cato's Tode (Lälius 3, 11 a. E.), 150 v. Chr., wo Titus Quinctius Flamininus und Acilius Balbus Consuln waren (). Cato stand damals im vierundachzigsten Jahre (). Die *Zeit* der *Abfassung* des Gespräches liegt zwischen der Herausgabe der drei Bücher von dem Wesen der Götter und der Herausgabe der zwei Bücher von der Weissagung[3] . Es ist also das Jahr 44 v. Chr., und zwar nach Cäsar's Ermordung (15. März 44), und das dreiundsechzigste Lebensjahr Cicero's.

4. Cicero hat seine Abhandlung über das Greisenalter seinem innigsten Freunde *Titus Pomponius Atticus*, der drei Jahre älter war, gewidmet und wollte durch dieselbe die diesem und ihm gemeinsame Last des schon drückenden oder wenigstens herannahenden Alters seinem Freunde und sich selbst erleichtern (), zugleich aber auch Andere belehren, welchen Weg sie im Leben einzuschlagen hätten, um sich eines glücklichen und zufriedenen Alters theilhaftig zu machen.

5. Daß Cicero mit Lust und Liebe diese Abhandlung ausgearbeitet habe, bezeugt jede Seite derselben, und er selbst erklärt (), Abfassung dieser Schrift sei ihm so angenehm gewesen, daß sie ihm nicht nur alle Beschwerlichkeiten des Alters abgestreift, sondern das Alter sogar milde und angenehm gemacht habe.

II. Von den Personen, die Cicero in der Abhandlung vom Greisenalter redend eingeführt hat.

1. Die Hauptperson des Gespräches über das Greisenalter, der Cicero die Vertheidigung dieses Alters gegen die ihm gemachten Vorwürfe übertragen hat, ist *Marcus Porcius Cato*, der *Aeltere*, mit dem Beinamen *Censorius*, der damals fünfundachzig Jahre alt war. Die Wahl dieses Mannes ist in der That eine höchst glückliche zu nennen. Denn im ganzen Alterthume läßt sich schwerlich eine Persönlichkeit auffinden, die geeigneter gewesen wäre dem Vortrage größeres Gewicht und Ansehen zu verleihen, als *der* Mann, der, im

---

[3] S. Cicer. de Divinat. II. 1, 3.

hohen Alter stehend, jugendlicher Frische genoß[4] und wegen seiner ausgezeichneten Tugenden den ehrenvollen Beinamen »der Weise« erhielt. In seinem ganzen Leben erscheint er als ein Muster sittlicher Strenge, unerschütterlicher Charakterfestigkeit, unparteiischer Gerechtigkeitsliebe, vorzüglicher Enthaltsamkeit, Mäßigkeit und Abhärtung. Gleich ausgezeichnet war er als Krieger und Heerführer, als Staatsmann, Redner und Rechtsgelehrter, als Landwirt und vielseitiger Schriftsteller. Vortrefflich ist auch die Zusammenstellung des alten Cato mit den beiden jungen Männern, *Gajus Lälius* und dem jüngeren *Scipio Africanus*. Beide waren durch die innigste Freundschaft mit einander verbunden, Beide von der edelsten Gesinnung und von dem Streben nach höherer Menschenbildung erfüllt, Beide Verehrer und Bewunderer Cato's und seiner Weisheit, und Cato hegte eine väterliche Liebe und Zuneigung gegen seine jungen Freunde[5] .

2. Cato war im Jahre 234 v. Chr. zu Tusculum[6] , einer (municipium) Latiums, geboren unter dem Consulate des Gajus Postumius Albinus und Spurius Carvilius Maximus. Die Familie, aus der er stammte, gehörte dem plebejischen Stande[7] an. Er war zweimal verheirathet. Der Sohn seiner ersten Ehe, der die Schwester des jüngeren Scipio zur Gattin hatte, starb, als er eben die Prätur erhalten hatte (152). Mit stoischer Standhaftigkeit ertrug Cato den Tod des ihm so theueren und hoffnungsvollen Sohnes. Der Sohn der zweiten Ehe war der Großvater des Cato Uticensis. In seiner frühen Jugend lebte Cato auf einem von seinem Vater ererbten Landgute im Sabinerlande; aber auf Anrathen des Lucius Valerius Flaccus begab er sich (212) nach Rom, um sich dem öffentlichen Leben zu widmen. Durch seine Beredsamkeit vor den Gerichten und durch seine Rechtschaffenheit erwarb er sich in Kurzem großes Ansehen.

3. Seine ersten Kriegsdienste machte er (217) in seinem siebenzehnten Jahre. Drei Jahre darauf (214) zog er mit dem Consul Quintus

---

[4] Vgl. Cicer. . .

[5] Ueber das Verhältniß des Scipio zu Cato s. Cicer. de Rep. II, 1, 1.

[6] S. Cicer. Legg. II. 2, 5. Ueber Cato's Leben vgl. Corn. Nep. Vit. Catonis und Plutarch. Vit. Catonis.

[7] Cicer. Rep. I. 1, 1: M. vero Catoni, homini ignoto et novo. Vgl. Cicer. pro Murena 8.

Fabius Maximus als gemeiner Krieger nach Campanien[8] und fünf Jahre später (209) gegen Tarent. In dem Treffen bei Sena in Umbrien (207), in dem Hannibal's Bruder, Hasdrubal, blieb, leistete er dem Claudius Nero wichtige Dienste[9]. Unter dem Consulate des Tuditanus und Cethegus (204) erhielt er die Quästur und begleitete den Proconsul Publius Scipio, den Aelteren, nach Afrika. Unter dem Consulate des Lucius Cornelius Lentulus und Publius Villius Tappulus (199) wurde er plebejischer Aedil und unter dem Consulate des Sex. Aelius Pätus und Titus Quinctius Flaminius (198) Prätor in Sardinien.

4. Drei Jahre später (195) wurde er mit dem oben erwähnten Lucius Valerius Flaccus zum Consul erwählt. In dem Hispanien, das ihm als Provinz zu Theil geworden war, unterwarf er die aufrührerischen Volksstämme, ließ die Mauern ihrer Städte schleifen, kurz, er zeigte in den größten wie in den kleinsten Angelegenheiten eine unermüdliche Thätigkeit, wetteiferte mit den gemeinen Soldaten in den mühsamsten Arbeiten und Anstrengungen, war sparsam und mäßig und gegen Niemanden strenger als gegen sich selbst. Als Belohnung für seine großen Verdienste wurde ihm bei seiner Rückkehr aus Hispanien ein Triumph zuerkannt[10]. Gleich darauf in demselben Jahre ging er als Unterfeldherr (legatus)[11] mit dem Consul Tiberius Sempronius Longus nach Thracien und vier Jahre später (191) als Kriegstribun[12] mit dem Consul Manius Acilius Glabrio nach Griechenland gegen den König von Syrien, Antiochus, den gefährlichsten Feind der Römer nach Hannibal. Auch in diesem Feldzuge leistete er wichtige Dienste. Namentlich wird mit großem Lobe ein von ihm geleiteter Ueberfall der Feinde erwähnt[13], durch

---

[8] So nach Cicer.. Aber Nep. 1, 2 den Cato unter den Consuln Q. Fabius und Marcus Claudius Kriegstribun in Sicilien sein. Nipperdey z. Nep. l. d. meint, beide Angaben ließen sich vielleicht dadurch vermitteln, daß Marcellus, bevor er nach Sicilien gesandt wurde, einige Zeit gemeinsam mit Fabius in Campanien operirt habe (Livius 24, 19).

[9] Nepos 1, 2.

[10] S. Livius 34, 8 sqq. Eine Lobrede auf Cato s. 34, 40 u. 39, 40.

[11] S. Cicer.. Plutarch. Cat. 12.

[12] Nach Cicer. und Plutarch. Cat. 12; aber nach Livius 36, 17 als Unterfeldherr (legatus consularis).

[13] Livius 36, 18. Plutarch. Cat. 13. Vgl. Cicer..

den in der Schlacht bei Thermopylä der Sieg über Antiochus ent-
schieden, und dieser nach Asien sich zurückzuziehen genöthigt
wurde.

5. Großen Ruhm erwarb Cato auch in der Verwaltung der
Censorwürde, die er mit seinem Freunde, dem zuvor erwähnten
Lucius Valerius Flaccus, im J. 184 erhielt, indem er ohne alle Rücksicht auf die Person jede Unsittlichkeit mit der größten Strenge be-
strafte, der schon mehr und mehr um sich greifenden Ueppigkeit,
Verschwendung und Prunksucht durch hohe Besteuerung der Lu-
xusartikel entgegentrat und viele andere nützliche Anordnungen im
Staate traf[14]. Wegen der Strenge, die er als Censor ausübte, erhielt
er den Beinamen *Censorius*.

6. Auch noch als Greis bewies er große Thätigkeit und nahm leb-
haften Antheil an dem Staate. So empfahl er in einem Alter von 65
Jahren (169) mit lauter Stimme und starker Brust, wie () sagt, den
Voconischen Gesetzvorschlag. Zwei Jahre darauf (167) unterstützte
er nachdrücklich die Sache der ungerecht behandelten Rhodier[15].
Ein Jahr vor seinem Tode (150), also in einem Alter von fünfund-
achtzig Jahren, setzte er es durch, daß die Römer den Karthagern
den Krieg erklärten[16], und wenige Tage oder Monate nachher hielt
er eine barsche und leidenschaftliche Rede, in der er die gegen den
Proprätor Servius Galba wegen seiner treulosen Behandlung der
Lusitaner erhobene Anklage unterstützte[17].

7. Cato's *wissenschaftliche Bildung* und *Schriftstellerei* war sehr viel-
seitig. Von den Werken, die er hinterlassen hat, besitzen wir leider
fast nur einzelne Bruchstücke. Er schrieb ein Werk über die Landwirtschaft (de re rustica), Reden, ein Buch über das Kriegswesen,
Abhandlungen über Staatswissenschaft, Rechtspflege, Alterthümer,
ein großes Geschichtswerk, Origines[18] benannt, das heißt eine Urge-

---

[14] Livius 39, 40 sq. Plutarch, Cat. 16–19. Nepos Cat. 2, 3. Vgl. Cicer. .

[15] Schön sagt Livius 45, 25: Plurimum causam eorum (Rhodiorum) adjuvit
M. Porcius Cato, qui, asper ingenio, tum lenem mitemque senatorem egit.

[16] Plutarch. Cato 26 sq.

[17] Cicer. Brut. 20, 80. 23, 90. .

[18] S. Nepos Cato c. 3. Cicer. Brut. c 17. Fragmenta Catonis ex. rec. Aus. Popmae.
c. ann. ejus et Jo. Meursii, Franeckerae 1620. p. 129.

schichte, worin er in sieben Büchern die Abstammung und Geschichte der Italischen Völker behandelte. Mit der Griechischen Litteratur machte sich Cato erst im Alter bekannt (); aber wahre Liebe zu ihr und zu der Griechischen Bildung konnte er nie fassen. Als daher im J. 158 die Athener eine Gesandtschaft nach Rom schickten, welche aus den drei Philosophen, dem Neuakademiker Karneades, dem Stoiker Diogenes und dem Peripatetiker Kritolaus bestand, und diese Männer in Rom gelehrte Vorträge hielten und von den Römischen Jünglingen mit großem Eifer gehört wurden; so war es Cato, der aus Besorgniß, die Römische Jugend möchte durch die Liebe zu den Wissenschaften von der Strenge der alten Zucht, welche die kriegerische Einrichtung des Staates nothwendig erfordern, abfallen und, von Griechischer Bildung angesteckt, sich mehr den wissenschaftlichen Studien als der praktischen Thätigkeit im Staate und im Kriegsdienste ergeben, es durchsetzte, daß die Gesandtschaft nach kurzer Zeit aus Rom entfernt wurde.

Der Stoischen Philosophie war Cato mit ganzer Seele ergeben. Er hatte es sich zur Lebensaufgabe gemacht die strengen Grundsätze der Stoischen Sittenlehre in allen seinen Handlungen zu bethätigen. Aber Cicero läßt in seiner Schrift den Cato nicht als strengen Stoiker auftreten, sondern einem gemilderten Stoicismus folgen. Ja an mehreren Stellen, wie . . , neigt er sich ganz offenbar zur Lehre der Peripatetiker und Altakademiker. Aber auch in anderer Hinsicht hat Cicero dem Wesen Cato's die Starrheit und Sprödigkeit, die wir bei dem historischen Cato finden, abgestreift und ihn als einen milden, freundlichen, wohlwollenden und feingebildeten Greis dargestellt. Denn Cicero wollte weder eine Abhandlung nach rein Stoischen Grundsätzen, noch auch eine der Geschichte genau entsprechende Charakteristik Cato's schreiben, sondern ein Gespräch, in dem sich ein würdiger und angesehener Greis in freundschaftlicher und gemüthlicher Weise mit zwei edlen jungen Männern unterhält, wozu sich der Rigorismus der Stoischen Lehre und der Charakter des alten Cato schwerlich geeignet haben würde.

9. *Publius Cornelius Scipio Aemilianus Africanus der Jüngere*, der Sohn des Lucius Aemilius Paullus Macedonicus, adoptirt von Publius Cornelius Scipio, dem Sohne des älteren Scipio Africanus, Bruder der Aemilia, Cato's Schwiegertochter, war einer der größten und edelsten Römer, als Krieger und Heerführer und Staatsmann

ausgezeichnet, einer der liebenswürdigsten Charaktere und ein Mann von der feinsten Bildung.

10. Schon in seiner frühen Jugend zeichnete er sich als Krieger aus. In seinem siebzehnten Jahre (168 v. Chr.) nahm er unter Anführung seines Vaters Theil an dem Feldzuge gegen Perses, König von Macedonien. In dem Hispanischen Kriege (151) erwarb er sich als Kriegstribun unter dem Consul Lucius Lucullus durch seine Tapferkeit und Besonnenheit großes Lob. Ebenso zeichnete er sich bald darauf (149) in dem dritten Punischen Kriege aus, indem er in Afrika das durch Unvorsichtigkeit seiner Anführer schwer bedrängte Römische Heer von seinem Untergange rettete. Durch diese glänzenden Thaten und die Rechtschaffenheit seines Charakters hatte er sich die Vewunderung und Liebe des Römischen Volkes dergestalt erworben, daß er, als er sich in seinem sechsunddreißigsten Lebensjahre um die Aedilität bewarb, vor der gesetzlichen Zeit, das heißt vor dem dreiundvierzigsten Lebensjahre, einstimmig vom Volke erwählt[19] und ihm der Oberbefehl in dem Punischen Kriege übertragen wurde. Die Eroberung Karthago's, das mit bewunderungswürdigem Heldenmuthe vertheidigt wurde, erfolgte erst im folgenden Jahre (146). Im J. 142 wurde er mit Mummius zum Censor gewählt und erwarb sich durch die gewissenhafte Verwaltung dieses Amtes großes Lob. Im J. 134 zum zweiten Male mit dem Consulate betraut, belagerte er Numantia in Spanien, das er aber erst im funfzehnten Monate (133) nach den blutigsten Kämpfen einnehmen konnte. Zwei Jahre darauf (129) starb er, nachdem er am Tage vor seinem Tode gegen die drei Volksführer, Gajus Carbo, Gajus Gracchus und Marcus Fulvius, mit großer Heftigkeit geredet hatte. Ob sein plötzlicher Tod ein natürlicher oder ein gewaltsamer gewesen sei, läßt sich nicht entscheiden[20] .

11. Was Scipio's *wissenschaftliche Bildung* anlangt, so wird uns berichtet, er habe zu den jungen Männern gehört, welche während der Anwesenheit der oben erwähnten Athenischen Gesandtschaft die Vorträge der drei Philosophen, Karneades, Kritolaus und Diogenes, fleißig gehört[21] ; er habe den Geschichtsschreiber Polybius und den

---

[19] S. unsere Anmerk. zu .

[20] S. unsere Anmerk. zu .

[21] Cicer. .

Stoischen Philosophen Panätius im Kriege wie im Frieden stäts in seiner Begleitung gehabt[22] und besonders mit dem Letzteren in freundschaftlichem Verkehre gestanden und dem Studium der Philosophie obgelegen[23] ; er habe Xenophon's Schriften fleißig gelesen[24] . Auch als vorzüglicher Redner wird er von Cicero[25] genannt.

12. Von *Lälius*, der dritten Person unseres Gespräches, werden wir in der Einleitung zu der Abhandlung von der Freundschaft sprechen.

Von den in dieser Abhandlung benutzten Quellen[26] .

Den Eingang des Platonischen Dialoges über den Staat, wo sich die Unterredung des alten Kephalos mit Sokrates findet, hat Cicero auf eine freie Weise benutzt. Was er über die Unsterblichkeit der Seele () vorgetragen hat, ist, wie er selbst angibt, aus dem Plato, sowie auch einiges Wenige aus der Lehre der Pythagoreer entlehnt. Im hat er die Rede des sterbenden Cyrus bei Xenophon frei übersetzt, ebenso auch im Einiges aus Xenophon's Oekonomikus. Vielleicht hat er auch die Schrift des Chiers Aristo, eines Stoischen Philosophen, über das Greisenalter, den er selbst im ersten Kapitel anführt, benutzt. Außerdem werden uns aus dem Alterthume noch zwei Schriften über das Greisenalter genannt, die eine des Demetrius von Phalerus (um 320), die andere des Marcus Terentius Varro.

IV. Inhalt der Abhandlung.

I. **Zuschrift** ist an *Titus Pomponius Atticus*, in der Cicero die Gründe angibt, die ihn bestimmt haben über das Greisenalter zu schreiben und die Schrift dem Atticus zu widmen ().

II. **Abhandlung***im Allgemeinen*. Für denjenigen, welcher alle Güter in sich selbst sucht, kann Nichts als ein Uebel erscheinen, was ein nothwendiges Naturgesetz mit sich bringt, also auch nicht das Greisenalter. Die Klage, das Alter *beschleiche uns schneller, als wir*

---

[22] Vellej. Pat. 1, 13.

[23] Cicer. Acad. II. 2, 5. de Fin. IV. 9, 23. Tuscul. IV, 3, 5.

[24] Cicer. Tusc. II. 26, 62. ad Quint. Fr. I, 8, 23.

[25] Cicer. Brut. 21, 82 sqq. Vgl. 74, 258, .

[26] S. unsere Schrift: Cicer. in philos. mer. p. 116 sqq.

gedacht hätten, beruht auf verkehrtem Denken. Das Alter muß der Weise mit Ergebung tragen; denn wie für die übrigen Lebensalter, so hat die Gottheit auch für das Greisenalter gesorgt (). Die Schuld der Klagen über das Alter liegt nicht im Alter, sondern in dem Charakter des Menschen. Die besten Waffen des Alters sind die Wissenschaften und die Uebung der Tugenden (). Beispiele eines glücklichen Greisenalters (. 14).

Abhandlung im Besonderen. *Aufzählung der vier Gründe, weßhalb das Greisenalter unglücklich erscheint* ().

A. *Widerlegung des ersten Grundes. das Greisenalter zieht von Verrichtung der Geschäfte ab.*

a) Es gibt Geschäfte für den Greis, welche selbst bei schwachem Körper doch mit dem Geiste besorgt werden können. Historische Belege dafür () – b) Widerlegung des Einwurfes, daß das Gedächtniß und die übrigen Geisteskräfte im Alter abnehmen (–23). – c) Auch den greisen Landmann darf der Gedanke, daß er Bäume pflanze, deren Früchte nicht ihm, sondern einem künftigen Geschlechte zu gute kommen, von dieser Thätigkeit nicht abhalten; denn die Gottheit will, daß ich solche Güter nicht nur von meinen Vorfahren empfange, sondern auch meinen Nachkommen überliefere ().

An diese Erörterung knüpft Cicero zwei Punkte an, die mit derselben in keiner genauen Verbindung stehen, nämlich: α) die Widerlegung der Behauptung, ein langes Alter bringe uns viele Widerwärtigkeiten; β) der Greis sei Andern beschwerlich (. 26).

B. *Widerlegung des zweiten Grundes: Das Greisenalter macht den Körper schwächer.*

a) Dem Greise verbleibt ein solches Maß der Leibeskräfte, daß er sich in vielfacher Hinsicht Anderen nützlich machen kann. Die Abnahme der Kräfte ist öfter eine Folge von Jugendsünden als von Gebrechen des Greisenalters. Mag auch der Greis weniger Kräfte haben, als der Jüngling und Mann, so mag sich Jeder so viel anstrengen, als es seine Kräfte erlauben, und er wird im Greisenalter nicht die Kräfte des jugendlichen Alters vermissen. Die Natur hat jedem Alter ein bestimmtes Maß von Kräften verliehen, und von einem Greise werden nicht Arbeiten verlangt, die das volle Maß jugendlicher Körperkraft erheischen (X.). – b) Wenn Greise wirklich zu schwach zur Verrichtung von Geschäften sind, so ist dieß kein eigentlicher Fehler des Alters, sondern ein gemeinsamer des Gesundheitszustandes, dem auch Jünglinge unterliegen können. – c) Dem Greisenalter muß man durch Mäßigung und Enthaltsamkeit in der Lebensweise und durch geistige Thätigkeit nachhelfen ()

Widerlegung des dritten Grundes: das Greisenalter beraubt uns fast aller Vergnügungen.

a) Versteht man darunter die sinnlichen Vergnügungen, so muß man diesen Mangel als eine Wohlthat ansehen, da aus der Sinnenlust die größten Verbrechen hervorgehen, und Nichts der Vernunft, dem göttlichen Geschenke, feindseliger ist. Sinnliche Vergnügungen, mäßig genossen, sind auch dem Greise gegönnt. – b) Aber das Alter hat schönere und reinere Genüsse, wie die Beschäftigung mit den Wissenschaften, die Freuden des Landlebens (–XIV.) Schöne Schilderung des Landlebens (–XVII. 60). – c) Ein großer Vorzug des Alters ist das Ansehen, dessen sich der durch sein früheres, ehrenhaft geführtes Leben würdige Greis zu erfreuen hat und das von höherem Werthe ist, als alle Sinnengenüsse der Jugend (, XVIII. 62– 64). – d) Sind Greise mürrisch, grämlich, zanksüchtig, geizig, so sind dieß Fehler der Gemüthsart, nicht des Alters. Geht das mürrische Wesen aus der Meinung hervor, das Alter werde verachtet, so trifft dieses nicht einen sittlichguten und wissenschaftlich gebildeten Greis ().

D. *Widerlegung des vierten Grundes: das Greisenalter ist nicht mehr weit vom Tode.*

a) Der Tod ist zu verachten, wenn er den Geist gänzlich vernichtet, oder er ist zu wünschen, wenn dieser nach dem Tode fortbesteht. – b) Der Tod ist aber jedem Alter gemein. Hofft der Jüngling auf ein langes Leben, so handelt er unweise, indem er Ungewisses für Gewisses hält. Der Begriff von *lang* ist beziehlich, und eine kurze Lebenszeit ist lang genug zu einem guten Leben. Die Frucht des Greisenalters besteht in der reichen Erinnerung der vorher erworbenen Güter. – c) Der Tod ist naturgemäß; was aber naturgemäß ist, muß man für ein Gut halten (). – d) Das Greisenalter hat keine bestimmte Gränze, und man lebt in demselben gut, so lange man seine Berufspflicht erfüllen kann. – e) Das ist der beste Tod, wenn bei ungeschwächter Geisteskraft und gesunden Sinnen die Natur selbst das Werk, das sie zusammengefügt hat, auch wieder auflöst. – f) Man muß sich von Jugend auf vorbereiten den Tod zu verachten. – g) Sowie die Beschäftigungen jedes Alters absterben, so auch die des Greisenalters, und wenn dieß erfolgt, so bringt die des Lebens den Zeitpunkt herbei, der uns zum Tode reif macht ().

IV. **Schluß.** Betrachtungen über die *Unsterblichkeit der Seele*. Gründe für dieselbe nach Plato (). Rede des sterbenden Cyrus an seine Söhne (). Beispiele aus der Römischen Geschichte von Männern, von denen wir annehmen müssen, daß sie von dem Glauben an Unsterblichkeit durchdrungen gewesen sind. – Solche Betrachtungen sind geeignet uns das Alter nicht allein leicht, sondern auch erfreulich zu machen ().

O Titus[27] , wenn ich dir Hülfe gewähr' und die Sorge dir
lind're,
Die jetzt, haftend im Inneren, schmerzlich dich ängstigt und
martert;
Wird mir wol eine Belohnung dafür sein[28] ?

Ich darf ja wol dich, mein Atticus[29] , mit denselben Versen anreden,
mit denen den Flamininus anredet

Jener Mann[30] von geringem Vermögen, doch treuer Gesinnung;

wiewol ich gewiß weiß, daß nicht, wie Flamininus,

Du dich abhärmest, o Titus, Nächte und Tage mit Sorgen.

Ich kenne ja die Mäßigung deines Gemüthes und deinen Gleich-
muth und weiß, daß du nicht allein den Beinamen von Athen heim-
gebracht sondern auch seine Bildung und Einsicht. Und doch ver-
muthe ich, daß du, wie ich selbst, von den nämlichen Ereignissen[31]
zuweilen sehr heftig beunruhigt wirst. Aber die Tröstung dafür ist
zu wichtig und daher auf eine andere Zeit zu verschieben. Für jetzt
halte ich es für angemessen Einiges über das Greisenalter niederzu-

---

[27] Diese Verse sind aus dem zehnten Buche der Annalen des Ennius (s. zu)
entlehnt und an Titus Quinctius Flamininus gerichtet, hier aber auf Titus
Pomponius Atticus angewendet. Als Flamininus in dem Kriege gegen den
macedonischen König Philippus im J. 198 v. Chr. nach Epirus gekommen war,
befand er sich in großer Verlegenheit, da nicht allein die Ortsbeschaffenheit
unendliche Schwierigkeiten bot, sondern auch fast alle Felsen mit schwerem
Geschütze von dem Feinde besetzt waren. So hatte er 40 Tage, ohne irgend
Etwas unternehmen zu können, müssig vor den Augen der Feinde zugebracht,
als ein Hirt, von Charopus, dem Fürsten der Epiroten, abgeschickt, ihm gegen
eine Belohnung versprach einen Weg zu zeigen, auf dem er leicht die Feinde
überraschen könne. S. Livius 32, 9–12.

[28] Statt erat bei Halm lese ich mit Klotz und Anderen erit.

[29] Titus Pomponius Atticus, ein Römischer Ritter und innigster Freund Cicero's,
der auch durch die Verheirathung seines Bruders Quintus mit der Schwester des
Atticus mit diesem verwandt war. Er schrieb mehrere geschichtliche Werke, z. B.
eine Geschichte von Cicero's Consulate in Griechischer Sprache. Seinen
Beinamen erhielt er von seinem langjährigen Aufenthalte in Athen. S. über ihn
Cornel. Nep. und vgl. Orelli Onom. p. 481–483.

[30] Der in der erwähnte Hirt.

[31] C. meint den verderblichen Zustand des Staates nach Cäsar's Ermordung.

schreiben und dir zu widmen. Denn es ist mein Wunsch, daß die uns beiden gemeinsame Last des schon drückenden oder wenigstens herannahenden Alters[32] sowol dir als mir selbst erleichtert werde, wiewol ich gewiß weiß, daß du wenigstens sie, wie Alles, mit Mäßigung und Weisheit erträgst und ertragen wirst. Allein da ich über das Alter Etwas schreiben wollte, so tratest du mir als der Mann entgegen, welcher dieses Geschenkes würdig wäre, aus dem wir beiden gemeinschaftlich Nutzen ziehen konnten. Mir wenigstens war die Abfassung dieser Schrift so angenehm, daß sie mir nicht nur alle Beschwerlichkeiten des Alters abgestreift, sondern milde sogar und angenehm das Alter gemacht hat. Niemals wird man daher die Philosophie würdig genug preisen können, da Jeder, der ihr Folge leistet, die ganze Lebenszeit ohne Beschwerde hinbringen kann.

Doch über andere Gegenstände der Philosophie haben wir schon Vieles gesprochen und werden noch oft darüber sprechen; der Gegenstand der gegenwärtigen Schrift aber, die wir dir gewidmet haben, ist das Greisenalter. Die ganze folgende Unterredung nun haben wir nicht dem Tithonus[33] zugetheilt, wie Aristo aus Keos[34] , – denn in einer bloßen Dichtung würde zu wenig Gewicht liegen – dem Greise Marcus Cato[35] , damit der Vortrag größeres Gewicht habe. Neben ihm führen wir Lälius und Scipio ein, wie sie ihre Bewunderung aussprechen, daß er das Alter so leicht ertrage, und lassen diesen ihnen hierauf antworten. Solltest du aber meinen, Cato rede hier gelehrter, als er es in seinen Schriften zu thun pflegt; so mußt du dieses der Griechischen Litteratur zuschreiben, mit der

---

[32] Cicero, geb. 106 v. Chr., war damals 62, Atticus, geb. 109, 65 Jahre alt.

[33] Tithonus, Sohn des Troischen Königs Laomedon, Gemahl der Eos (Aurora), welche für ihn von Zeus Unsterblichkeit erwirkt, aber vergessen hatte, zugleich ewige Jugend für ihn zu erbitten. Er wurde daher zuletzt ganz kraftlos, und Eos verwandelte ihn in eine Heuschrecke. S. Nitsch-Klopfer Mythol. Wörterb. Th. II. S. 597.

[34] Aristo von Keos, einer cykladischen Insel, war ein Peripatetischer Philosoph, um 225 v. Chr. S. Cicer. Fin. V. 5, 13. Diog. L. 5, 64. Orelli Onom. I. p. 68, der J. G. Habmann in Jahn's N. Jahrb.-Supplementband 1. Hft. Lpzg. 1835. S. 102 ff. anführt.

[35] Ueber M. Porcius Cato und den jüngeren Scipio s. die Einleitung zu der Schrift von der Freundschaft.

er sich bekanntlich in hohem Alter sehr eifrig beschäftigt hat. Doch wozu bedarf es noch weiterer Worte? Denn sogleich wird der Vortrag des Cato selbst unsere ganze Ansicht über das Greisenalter entwickeln.

Scipio.

Oftmals pflege ich mit unserem Gajus Lälius hier deine ausgezeichnete und vollkommene Weisheit, Marcus Cato, sowol in allen anderen Dingen zu bewundern, als auch ganz besonders darin, daß du, wie ich bemerkt habe, das Alter niemals beschwerlich findest, das doch recht vielen Greisen so verhaßt ist, daß sie sagen, sie trügen eine Bürde, die schwerer sei als der Aetna

[36].

Cato.

Eine nicht eben schwierige Sache scheint ihr, Scipio und Lälius, zu bewundern. Wer freilich kein Hülfsmittel zu einem guten und glückseligen Leben in sich selbst hat, für den ist jedes Lebensalter beschwerlich; wer hingegen alle Güter in sich selbst sucht, dem kann Nichts als ein Uebel erscheinen, was ein nothwendiges Naturgesetz mit sich bringt. Hierher gehört insbesondere das Greisenalter, das zwar Alle zu erreichen wünschen, sobald sie es aber erreicht haben, anschuldigen

[37]. So groß ist die Unbeständigkeit und Verkehrtheit der Thoren.

Das Alter, sagen sie, *beschleiche sie schneller, als sie es gedacht hätten.*

---

[36] Eine sprüchwörtliche Redensart, die sich schon bei Euripides Herc. Fur. 637 f. findet:
'Α νεότας μοι φίλον ἄχθος δὲ τὸ γῆρας αἰεὶ
Βαρύτερον Αἰτνας σκοπέλων επι κρατι κεῖται.
•
•

[37] Vgl. den Komiker Krates bei Stob. Floril. 115, 9:
'Ωνείδισάς μοι γῆρας ως κακὸν μέγα
Οι πάντες επιθυμοῦμεν, ἀν δ' ἐλθῃ ποτέ,
'Ανιώμεθ'. Οὕτως εσμὲν αχάριστοι φύσει.
•
•

Für's Erste, wer hat sie genöthigt etwas Falsches zu denken? Denn wie beschleicht das Greisenalter das Jünglingsalter schneller, als das Jünglingsalter das Knabenalter?

Sodann, wie würde ihnen das Greisenalter minder beschwerlich sein, wenn sie im achthundertsten Jahre ständen als im achtzigsten? Denn das vergangene, auch noch so lange Lebensalter könnte, wenn es verflossen ist, durch keinen Trost das Greisenalter eines Thoren beruhigen.

Also wenn ihr meine Weisheit zu bewundern pflegt, – o daß sie doch euerer Meinung und meines Beinamens[38] würdig wäre! – so zeigen wir uns darin weise, daß wir der Natur, der besten Führerin, wie einer Gottheit folgen und gehorchen. Denn es ist nicht wahrscheinlich, daß sie alle andern Rollen des Lebensalters schon vertheilt, den letzten Aufzug aber wie ein ungeschickter Dichter vernachläßigt haben sollte. Es mußte ja nothwendiger Weise Etwas den äußersten Endpunkt bilden und, wie bei dem Obste der Bäume und bei den Früchten der Erde, nach der zeitigen Reife gleichsam welk werden und abfallen. Und dieses muß der Weise mit Ergebung ertragen. Denn wider die Natur kämpfen, ist das was Anderes als nach Art der Giganten mit den Göttern Krieg führen?

Lälius.

Nun gut, mein Cato; gleichwol würdest du uns, damit ich auch für Scipio die Versicherung gebe, einen sehr großen Gefallen erweisen, wenn du uns, weil wir ja Greise zu werden hoffen, wenigstens es wünschen. schon lange zuvor über die Mittel belehren wolltest, durch die wir das drückend werdende Alter am Leichtesten ertragen können.

Cato.

Ja, das will ich thun, mein Lälius, zumal, wenn euch beiden, wie du sagst, hiermit ein Gefallen geschieht.

Wir wünschen allerdings, mein Cato, wenn es dir nicht lästig ist, von dir, der du gleichsam einen langen Weg zurückgelegt hast, den

---

[38] Vgl. Cicer.: Cato quasi cognomen jam habebat in senectute Sapientia. Vgl. Cicer. Legg. II. 2, 5. Vgl. die .

auch wir betreten müssen, die Beschaffenheit des Zieles zu erfahren, zu dem du gelangt bist[39] .

Cato.

Ich will es thun, so gut ich es vermag, mein Lälius. Oft hörte ich die Klagen meiner Altersgenossen mit an – Gleich und Gleich gesellt sich ja gern, nach einem alten Sprüchworte[40] –, was Gajus Salinator[41] , was Spurius Albinus[42] , consularische Männer von ungefähr gleichem Alter mit mir, zu bejammern pflegten: bald, daß sie der Vergnügungen entbehrten, ohne die sie das Leben für Nichts achteten; bald, daß sie von denen verschmäht würden, bei denen sie früher in Achtung gestanden hätten. Sie schienen mir aber nicht das anzuklagen, was wirklich anzuklagen ist. Denn läge die Schuld davon am Greisenalter, so würde ein Gleiches auch bei mir der Fall sein und bei allen Bejahrten; und doch habe ich schon viele Greise kennen gelernt, die nicht klagten, die es nicht bedauerten von den Fesseln der Sinnenlust befreit zu sein, noch auch von den Ihrigen verachtet wurden. Nein! die Schuld von allen derartigen liegt im Charakter und nicht im Alter. Denn Greise, welche besonnen und weder grämlich noch unfreundlich sind, verleben ein erträgliches Alter; Schroffheit aber und Unfreundlichkeit sind für jedes Alter von unangenehmen Folgen[43] .

---

[39] Nach Plat. Rpb. I. p. 328, E: δοκεῖ γάρ μοι χρῆνει παρ' αυτῶν (τῶν πρεσβυτέρων) πυνθάνεσθαι, ὥσπερ τινὰ οδὸν προεληλυθότων, ἥν καὶ ἡμᾶς ἴσως δεήσει πορεύεσθαι, ποία τίς εστι, τραχεῖα καὶ χαλεπὴ ἢ ραδία καὶ εὔπορος· καὶ δὴ καὶ σοῦ ηδίως α ν πυθοίμην, ὅ τι σοι φαίνεται τοῦτο, επειδὴ ενταῦθα ἤδη εἶ τῆς ηλικίας, ὁ δὴ επὶ γήραος ουδῶ φασιν εῖναι οι ποιηταί, πότερον χαλεπὸν τοῦ βίου, ἡ πῶς σὺ αυτὸ εξαγγέλλεις.

[40] Plat. l. d. p. 329, A: πολλάκις γὰρ συνερχόμεθα τινες εις ταυτὸ παραπλησίαν ἔχοντες, διασώζοντες τὴν παλαιὰν παροιμίαν. Das Sprichwort wird oft erwähnt, z. B. Plat. Symp. p. 195, B: ο γὰρ παλαιὸς λόγος εὖ ἔχει, ὡς ὁμοιον αεὶ πελάζει. Vgl.

[41] Gajus Livius Salinator, im J. 188 v. Chr. Consul, 170 gestorben als Oberpriester. S. Liv. 38, 35. 43, 11.

[42] Spurius Postumius Albinus im J. 186 v. Chr. Consul, 180 gestorben als Augur. S. Liv. 39, 6. 40, 42.

[43] So erklärt Lehmeyer die Worte: importunitas autem et inhumanitas omni aetati molesta est richtig und vergleicht Catull. 51. 13. Schroffheit und Unfreundlichkeit erzeugt Menschen jeglichen Alters Verdruß und

Lälius.

Es ist, wie du sagst, mein Cato; aber vielleicht könnte man sagen, dir scheine wegen deines Einflusses im Staate, wegen deines Wohlstandes und Ansehens das Alter erträglicher; dieses könne aber nicht Vielen zu Theil werden.

Cato.

Allerdings ist dieß Etwas, mein Lälius; aber keineswegs beruht darauf Alles. So z. B. erzählt man, Themistokles habe einem Seriphier[44] bei einem Wortwechsel, als dieser sagte, nicht durch seinen, sondern durch des Vaterlandes Ruhm habe er seinen Glanz erhalten, entgegnet: »Wahrlich, weder ich würde, wenn ich ein Seriphier wäre, noch du, wenn du ein Athener wärest, je berühmt geworden sein.« Dieses kann auf dieselbe Weise vom Greisenalter gesagt werden. Denn bei dem höchsten Mangel kann das Greisenalter nicht leicht sein, nicht einmal für einen Weisen; dem Unweisen aber muß selbst bei dem höchsten Ueberflusse eine Last sein[45] . Die tauglichsten Waffen des Greisenalters, Scipio und Lälius, sind durchaus die Wissenschaften und die Tugenden, welche, in jedem Alter gepflegt, wenn man lange und viel[46] gelebt hat, herrliche Früchte tragen, nicht allein, weil sie uns nie verlassen, selbst nicht in der letzten Zeit unseres Lebens, – und das ist doch von der größten Wichtigkeit – sondern auch, weil das Bewußtsein eines gut voll-

---

Unannehmlichkeiten. Vgl. die folgende Stelle Plato's. Die Lesart omni aetate ist mit Recht von den neueren Herausgebern verworfen worden. Der hier ausgesprochene Gedanke übrigens ist aus Plat. l. d. p. 329, D. entlehnt: αλλα και τούτων πέρι καιτῶν γε προς τους οικείους μία τις αιτία εστιν, ου το γῆρας, ω Σώκρατες, αλλ' ο τρόπος τῶν ανθρώπων· αν μέν γάρ κοσμιοι και εύκολοι ῶσι, και το γῆρας μετρίως εστιν επίπονος· ει δε μή, και γῆρας, ῶ Σώκρατες, και νεότης χαλεπη τῶ τοιούτω ξυμβαίνει.

[44] Seriphus, eine kleine und felsige Insel (jetzt Sersanto), eine der Cykladen im Aegäischen Meere. Vgl. Cicer. N. D. I. 31, 88. Die angeführte Anekdote hat Cicero gleichfalls aus Plat. Rpb. p. 329, E entlehnt:το του Θεμιστοκλέους εῦ έχει, ός τῶ Σεριφίω λοιδορουμένω και λέγοντι, ότι ου δι αυτόν, αλλα διὰ την πόλιν ευδοκιμοῖ, απεκρίνατο, ότι ούτ' αν αυτός Σερίφιος ων ονομαστός εγένετο, ούτ' εκεῖνος 'Αθηναῖος.

[45] Auch diese Stelle ist aus Plat. p. 330, A entlehnt: ούτ' αν ο επιεικής πάνυ τι ραδίως γῆρας μετὰ πενίας ενέγκοι, ούθ' ο μὴ επιεικής πλουτήσας εύκολος ποτ' αν εαυτῶ γένοιτο.

[46] multum (viel) bezieht Lehmeyer richtig auf den Reichthum des Erlebten.

brachten Lebens und die Vergegenwärtigung vieler guten Thaten höchst erfreulich ist.

Ich habe in meiner Jugend den Quintus Maximus[47] , – ich meine den, welcher Tarentum wiedereinnahm, – in seinem Greisenalter so geliebt wie einen Altersgenossen. Denn es fand sich bei diesem Manne ein mit Freundlichkeit gewürzter Ernst, und das Alter hatte seine Gemüthsstimmung nicht verändert. Freilich lernte ich ihn hochschätzen, als er noch nicht sehr bejahrt, aber doch schon im Alter vorgerückt war. Denn ein Jahr nach meiner Geburt war er zum ersten Male zum Consul erwählt worden, und in seinem vierten Consulate zog ich als sehr junger Krieger mit ihm nach Capua[48] und fünf Jahre später vor Tarentum. Sodann wurde ich vier Jahre nachher Quästor, und dieses Amt bekleidete ich unter dem Consulate des Tuditanus und Cethegus[49] , als jener in hohem Alter den Cincischen[50] Gesetzvorschlag über die Geschenke und Gaben empfahl. führte Kriege wie ein Jüngling, da er doch schon sehr bejahrt war, und bezähmte den jugendlich übermüthigen Hannibal durch seine Ausdauer. Ueber ihn spricht sich unser Freund Ennius[51] vortrefflich also aus:

---

[47] Der berühmte Quintus Fabius Maximus, der, im zweiten Punischen Kriege im J. 217 v. Chr. zum Dictator gewählt, nach den unglücklichen Schlachten der Römer am Ticinus, an der Trebia und am Trasimenischen See den Römischen Staat dadurch, daß er einer Schlacht mit Hannibal auswich, rettete und daher den Beinamen Zauderer (Cunctator) erhielt. Im J. 233 war er zum ersten, 208 zum fünften Male Consul, nahm er Tarentum wieder ein; im J. 202 starb er. Vgl. Orelli Onom. p. 246 sq.

[48] D. h. nach Campanien, dessen Hauptstadt Capua war. Ueber das Zeitverhältniß s. die .

[49] Publius Sempronins Tuditanus und Marcus Cornelius Cethegus waren im J. 204 v. Chr. Consuln.

[50] Marcus Cincius Alimentus schlug als Volkstribun im J. 204 v. Chr. das Gesetz vor, in dem den Sachwaltern verboten wurde für ihre Rechtsvertheidigung Geld oder ein Geschenk von ihren Clienten anzunehmen. S. Orelli Index Legum in Onom. p. 151.

[51] Ennius aus Rudiä in Calabrien, geb. 230 v. Chr., gest. 169, Vater der Römischen Dichtkunst, hat viele Griechische Tragödien, namentlich des Euripides, und Komödien frei in's Lateinische übersetzt, sowie auch ein historisches Epos, Annalen genannt, welches in achtzehn Büchern die Geschichte Roms bis zu dem ersten Punischen Kriege umfaßte, in Hexametern geschrieben.

Ein Mann hat uns den Staat durch Zaudern wieder gerettet.
Mehr als eitle Gerüchte galt ihm des Staates Errettung.
Darum strahlet des Mannes Ruhm je länger je schöner.

Tarentum aber, mit welcher Umsicht, mit welcher Klugheit nahm er es wieder ein! Als Salinator[52] , der nach Verlust der Stadt sich in die Burg geflüchtet hatte, sich rühmte und sagte: »Durch meine Bemühung, Quintus Fabius, hast du Tarentum wieder eingenommen,« entgegnete er in meiner Gegenwart lachend: »Gewiß; denn hättest du es nicht verloren, so hätte ich es niemals wieder eingenommen.«

Und wahrlich, in der Toga[53] war er eben so ausgezeichnet wie den Waffen. Als er nämlich zum zweiten Male[54] Consul war, leistete er, während sich sein Amtsgenosse Spurius Carvilius ruhig verhielt, so lange es möglich war, dem Volkstribunen Gajus Flamininus[55] Widerstand, welcher das Picenische und Gallische Gebiet gegen das Gutachten des Senates nach der Kopfzahl vertheilen wollte, und obwol er Augur[56] war, hatte er den Muth zu erklären,

---

Sowol dieses als jene sind bis auf einige Bruchstücke verloren gegangen. Die Bruchstücke der Annalen sind von Spangenberg (Lips. 1825) gesammelt. Die hier erwähnte Stelle ist aus den Annalen. Den ersten Vers führt Livius 30, 27 an: nihil certius est quam unum hominem nobis cunctando rem restituisse, sicut Ennius ait.

[52] Marcus Livius Salinator, im J. 206 v. Chr. zum zweiten Male Consul mit Gajus Claudius Nero, besiegte mit diesem den Hasdrubal am Flusse Metaurus in Umbrien. Die hier erwähnte Sache wird von Cicero auch dem Salinator zuertheilt; bei Polybius aber 8, 19 wird statt Salinator Gajus, bei Livius 27, 34 Marcus Livius Macatus und 27, 25, sowie bei Plutarch. Fab. c. 23 bloß Marcus Livius genannt. Gernhard sucht zu beweisen, daß Cicero den Marcus Livius Salinator mit dem Marcus Livius Macatus verwechselt habe.

[53] D. h. im Frieden. die toga war das Friedenskleid, sowie sagum das Kriegskleid der Römer.

[54] Fabius war zum zweiten Male Consul im J. 227 v. Chr. mit Spurius Carvilius.

[55] Gajus Flamininus Nepos machte im J. 227 v. Chr. als Volkstribun den oben angegebenen Gesetzvorschlag. Im J. 217 wurde er, zum zweiten Male Consul, am Trasimenischen See in Etrurien von Hannibal gänzlich geschlagen und mit dem größten Theile seines Heeres getödtet. Vgl. Cicer..

[56] und als solcher das Ansehen der Auspicien auf jede Weise hatte wahren sollen.

unter den besten Auspicien werde das ausgeführt, was man für das Wohl des Staates ausführe[57] was hingegen wider den Staat vorgeschlagen werde, schlage man wider die Auspicien vor.

Viele herrliche Züge habe ich an diesem Manne kennen gelernt; aber Nichts verdient größere Bewunderung als die Fassung, mit der er den Tod seines Sohnes[58] , eines angesehenen Mannes und Consulars, ertrug. Seine Lobrede auf ihn befindet sich in unseren Händen. Wenn wir sie lesen, wie gering erscheint uns da nicht jeder Philosoph!

Aber nicht nur im Lichte des öffentlichen Lebens und vor den Augen seiner Mitbürger war er groß; nein, daheim und in seiner Familie war er noch vorzüglicher. Welche Unterhaltung! welche Lehren! wie groß seine Kunde des Alterthums, seine Kenntniß im Augurrechte. Auch besaß er für einen Römer viel wissenschaftliche Bildung. Alle Kriege hatte er im Gedächtnisse, nicht bloß einheimische, sondern auch auswärtige. Seine Unterhaltung benutzte ich damals so eifrig, als wenn ich schon ahnete, was auch wirklich eintraf, daß nach seinem Tode sich Niemand finden würde, von dem ich lernen könnte.

Wozu also so viele Worte hier über den Maximus? In der That nur deßhalb, weil ihr einseht, daß es eine Sünde wäre, wenn man behaupten wollte, ein solches Greisenalter sei elend gewesen. Freilich können nicht Alle Männer sein, wie Scipio[59] oder Maximus: Männer, welche sich Eroberungen von Städten, Land- und Seeschlachten, Kriege, welche sie führten, Triumphzüge vergegenwärtigen können. Aber auch ein in Ruhe, in Sittenreinheit und mit Anstand geführtes Leben hat ein friedsames und sanftes Alter. Ein solches genoß, wie uns berichtet wird, Plato[60] , der im neunun-

---

57 Vgl. Homer., 243: εις οιωνός ἀριστος ἀμύνεσθαι περὶ πάτρης.

58 Der auch Quintus Fabius Maximus hieß. Er war im J. 212 v. Chr. Consul.

59 Cato meint den älteren Scipio Africanus, der im J. 205 v. Chr. zum ersten Male Consul war und durch den 202 über Hannibal bei Zama in Afrika errungenen Sieg den zweiten Punischen Krieg beendigte.

60 Plato war in Athen geboren im J. 430 v. Chr. und gestorben zu Athen im J. 347. Er war der Sohn des Aristo, Schüler des Sokrates, Stifter der älteren Akademie.

dachtzigsten Jahre beim Schreiben starb; ein solches Isokrates[61] , der nach seiner eigenen Erklärung[62] das Buch, das die Aufschrift Panathenaikus führt, im vierundneunzigsten Jahre schrieb und dann noch fünf Jahre lebte. Auch sein Lehrer, der Leontiner Gorgias[63] , lebte volle hundertundsieben Jahre und ließ nie in seinem Eifer und in seiner Arbeit nach. Als man ihn einmal fragte, warum er so lange am Leben bleiben wolle, erwiderte er:»Ich habe keinen Grund das Alter anzuschuldigen.« Eine vortreffliche und eines gebildeten Mannes würdige Antwort. Denn ihre Fehler und ihre Schuld schieben die Thoren auf das Greisenalter. So machte es der Mann nicht, dessen ich kurz zuvor Erwähnung that, Ennius:

ein muthiges Roß, das, in dem Olympischen Wettkampf
Einst oft siegreich, jetzt ausruht vom Alter geschwächet.

Mit dem Alter eines muthigen und siegreichen Rosses vergleicht er das seinige. Ihr könnt euch auf ihn noch gut besinnen. Denn seit seinem Tode bis zur Wahl der gegenwärtigen Consuln, Titus Flamininus und Manius Acilius[64] , sind es einundzwanzig Jahre; jener aber starb unter dem Consulate des Cäpio und Philippus[65] , – Letzterer bekleidete dieses Amt zum zweiten Male, – als ich in einem Alter von fünfundsechzig Jahren den Voconischen[66] Gesetzvor-

---

[61] Isokrates aus Athen war geb. 436 v. Chr. und gestorben 338, also im 99sten Jahre. Er war ein Schüler der berühmten Sophisten Prodikus, Protagoras, Gorgias und anderer und der berühmteste Lehrer der Beredsamkeit. Er schrieb zwar Reden, hielt sie aber nicht. Es sind 21 Reden von ihm erhalten. Die hier erwähnte Rede ist eine Lobrede auf Athen, die an dem Athenischen Volksfeste Panathenäen, welches der Athene geweiht war, vorgelesen wurde.

[62] Panath. c. 1: τοῖς ἔτεσι ἐνενήκοντα καὶ τέτταρσιν, ὧν ἐγὼ τυγχάνω γεγονώς.

[63] Gorgias aus Leontini, einer Stadt auf der östlichen Seite Siciliens (jetzt Lentini), ein Schüler des Empedokles aus Agrigent in Sicilien, eines berühmten Philosophen der Jonischen Schule (um 450 v. Chr.), kam später nach Athen und war einer der berühmtesten Sophisten zur Zeit des Sokrates.

[64] Titus Flamininus und Manius Acilius Balbus waren im J. 150 v. Chr. Consuln.

[65] Gnäus Servilius Cäpio und Quintus Marcius Philippus waren im J. 169 v. Chr. Consuln.

[66] Der Voconische Gesetzvorschlag, im J. 169 v. Chr. von dem Volkstribunen Quintus Voconius Sara gemacht, bestimmte, daß, wer zu 100,000 Sestertien abgeschätzt sei, keine Frau zur Erbin einsetzen oder ihr kein größeres Legat vermachen dürfe, als die Hälfte der Erbschaft. Höchst gründlich und ausführlich

schlag mit lauter Stimme und starker Brust empfohlen hatte. In einem Alter von siebzig Jahren – denn so lange lebte Ennius – ertrug er zwei Bürden, welche für die drückendsten gelten, Armut und Alter, so leicht, daß er fast Wohlgefallen daran zu finden schien.

Wenn ich die Sache nun in meinem Geiste überlege, so finde ich vier Gründe, weßhalb das Greisenalter unglücklich erscheint:

erstlich, weil es von Verrichtung der Geschäfte abruft;

zweitens, weil es den Körper schwächer macht;

drittens, weil es fast aller Vergnügungen beraubt;

viertens, weil es nicht mehr weit vom Tode entfernt ist.

Wie richtig und wie gerecht ein jeder dieser Gründe sei, wollen wir nun, wenn es beliebt, sehen.

Von Verrichtung der Geschäfte zieht das Greisenalter ab. Von welchen? Etwa von denen, welche in der Jugend und mit Leibeskräften verrichtet werden? Gibt es nun keine für den Greis, welche selbst bei schwachem Körper doch mit dem Geiste besorgt werden können? Nichts that also Quintus Maximus[67] ? nichts Lucius Paullus[68] , dein Vater, der Schwiegervater meines trefflichen Sohnes? Die anderen Greise, ein Fabricius[69] , ein Curius[70] , ein Coruncanius[71] ,

---

wird dieses Gesetz von Hermann Sauppe in Orelli's Index Legum p. 294–395 besprochen. Durch dieses Gesetz sollte verhütet werden, daß nicht durch Testamente ein zu großes Vermögen in die Hände der Frauen und somit in andere Familien überginge und dadurch das Ansehn alter Familien geschwächt würde.

[67] S. zu .

[68] Lucius Aemilius Paullus, leiblicher Vater des jüngeren Scipio Africanus, Schwiegervater von Cato's älterem Sohne, hatte den letzten König von Macedonien, Perseus, in der Schlacht bei Pydna in Macedonien 168 v. Chr. besiegt, woher er den Beinamen Macedonicus erhielt.

[69] Gajus Fabricius Luscinus, der berühmte Heerführer der Römer in dem Kriege gegen Pyrrhus, König von Epirus (279 v. Chr.), nicht bloß durch Tapferkeit, sondern auch durch Genügsamkeit, Unbestechlichkeit und Edelmuth ausgezeichnet. Vgl. unten .

[70] Manius Curius Dentatus, dreimal Consul (290, 275, 254 v. Chr.), besiegte in seinem ersten Consulate die Samniten und Sabiner, in seinem zweiten den Pyrrhus bei Beneventum. Vgl. über seine Genügsamkeit unten und 56.

thaten sie Nichts, wenn sie den Staat durch ihren Rath und ihren Einfluß vertheidigten?

Bei Appius Claudius[72] kam zu dem Greisenalter auch noch die Blindheit; und dennoch war er es, der, als die Meinung des Senates sich zum Abschlusse des Friedens und Bündnisses mit Pyrrhus hinneigte, kein Bedenken trug die Worte zu sagen, welche Ennius in folgende Verse gebracht hat:

> hat sich eure Gesinnung so sinnlos gewendet,
> Die vordem beständig sich aufrecht zu halten vermochte?

Und so das Folgende in den nachdrücklichsten Worten. Das Gedicht ist euch ja bekannt; doch auch die Rede des Appius selbst ist noch vorhanden. Und dieß that er siebzehn Jahre nach seinem zweiten Consulate, nachdem zwischen beiden Consulaten zehn Jahre verflossen waren, und er vor seinem ersten Consulate Censor gewesen war. Hieraus erhellt, daß er im Kriege des Pyrrhus recht bejahrt war; gleichwol haben uns dieses unsere Väter von ihm berichtet.

Man sagt also damit Nichts, wenn man behauptet, das Greisenalter befasse sich nicht mit Verrichtung von Geschäften, und die Sache verhält sich ähnlich, wie wenn man behaupten wollte, der Steuermann thue bei der Schiffahrt Nichts, weil, während Andere auf die Mastbäume stiegen, Andere in den Gängen umherliefen, Andere das Grundwasser ausschöpften, jener, das Steuer haltend, ruhig

---

[71] Tiberius Coruncanius, in dem Kriege gegen die Etrusker im J. 282 v. Chr. als Heerführer ausgezeichnet, auch ein großer Rechtsgelehrter, 280 Consul, der erste Plebejer, der Hoher Priester (Pontifex Maximus) war 252. In der Schrift stellt ihn Cicero wegen seiner Weisheit mit Lykurgus, Pittakus, Solon, Fabricius, Cato, dem älteren Scipio zusammen. Vgl. N. D. II. 66, 165. III. 2, 5.

[72] Appius Claudius Cäcus (der Blinde) legte während seiner Censur (311 v. Chr.) eine gepflasterte Landstraße (via Appia) von Rom nach Capua und Wasserleitungen an. Im J. 307 erhielt er zum ersten und im J. 296 zum zweiten Male die Consulwürde; während der letzteren trug er einen glänzenden Sieg über die Samniten davon. Im J. 279 schickte Pyrrhus den Cineas nach Rom, um Friedensunterhandlungen anzuknüpfen; der Senat zeigte sich dazu geneigt; da ließ sich Appius in einer Sänfte nach der Curie tragen, wo er in einer nachdrücklichen Rede die Abschließung des Friedens widerrieth. Cicero führt im Brut. 16, 61 f. diese Rede als zu seiner Zeit noch vorhanden an. Plutarch (Vit. Pyrrhi c. 19) theilt die Rede mit.

auf dem Schiffshintertheile sitze. Freilich thut er nicht das, was die jungen Leute thun; aber wahrlich ungleich Wichtigeres und Besseres thut er. Es ist nicht Leibesstärke oder körperliche Behendigkeit und Schnelligkeit, womit man große Dinge ausführt, sondern Ueberlegung, Ansehen und Urtheil: Eigenschaften, die dem Greisenalter nicht entzogen, sondern sogar noch vermehrt zu werden pflegen. Ihr müßtet denn etwa glauben, daß ich, der ich mich als gemeiner Krieger, als Tribun, als Unterfeldherr, als Consul in verschiedenen Arten des Krieges bewegt habe, jetzt, wo ich keine Kriege führe, euch unthätig zu sein scheine. Aber ich schreibe dem Senate vor, welche zu führen sind, und wie; Karthago, das schon lange Böses im Schilde führt, kündige ich lange zuvor den Krieg an, und ich werde nicht eher aufhören um seinetwillen besorgt zu sein, als bis ich seine Zerstörung erfahren habe[73]. Möchten doch die unsterblichen Götter dir, Scipio, diesen Siegespreis vorbehalten, damit du das vollendest, was dein Großvater[74] noch zu thun übrig gelassen hat. Seit seinem Tode sind fünfunddreißig Jahre verflossen; aber das Andenken an diesen Mann wird sich auf alle kommenden Jahre fortpflanzen. Ein Jahr vor meinem Censoramte starb er, neun Jahre nach meinem Consulate, unter dem er zum zweiten Male zum Consul erwählt wurde. Würde er nun wol, wenn er bis zum hundertsten Jahre gelebt hätte, mit seinem Alter unzufrieden gewesen sein? Freilich mit Laufen, mit Springen, mit Speerwerfen in die Ferne oder dem Schwerte im Nahkampfe würde er sich nicht befaßt haben, wohl aber mit Rathgeben, Ueberlegen und Urtheilen.

---

[73] Florus II. 15, 4: Cato inexpiabili odio delendam esse Carthaginem et, quum de alio consuleretur, pronuntiabat. Plutarch. Cat. c. 27: Ἐκεῖνο δ' ἤδη καὶ βιαιότερον, τὸ περὶ παντὸς οὗ δήποτε πράγματος γνώμην ἀποφαινόμενον προσεπιφωνεῖν οὕτως· Δοκεῖ δέ μοι καὶ Καρχηδόνα μὴ εἶναι.

[74] Nämlich dein Adoptivgroßvater. Der ältere Publius Cornelius Scipio Africanus, der durch den 202 v. Chr. bei Zama in Afrika über Hannibal errungenen Sieg den zweiten Punischen Krieg beendigt hatte, war der Adoptivgroßvater des jüngeren Africanus, der im Jahre 146 Karthago zerstörte. Der Sohn des älteren Africanus adoptirte nämlich den zweiten Sohn des Aemilius Paullus Macedonicus, der von der Zerstörung Karthago's den Beinamen Africanus minor erhielt. Cato starb drei Jahre vor der Zerstörung Karthago's.

Fänden sich diese Eigenschaften nicht bei alten Leuten[75] , so hätten unsere Vorfahren ihre höchste Rathsversammlung nicht den Rath der Alten genannt. So werden auch bei den Lacedämoniern die Männer, welche das höchste Staatsamt bekleiden, wie sie es wirklich sind, Greise[76] genannt. Und wenn ihr die Geschichte des Auslandes lesen oder hören wollt, so werdet ihr finden, daß die größten Staaten von jungen Männern erschüttert, von alten hingegen aufrecht erhalten und wiederhergestellt worden sind.

Ei sagt, wie kam's, daß euer großer Staat so schnell verloren ging?

So fragt man in dem Scherzspiele des Dichters Nävius[77] , und man antwortet unter Anderem besonders Folgendes:

Es tauchten neue Redner auf, gar junge Leut' voll Unverstand.

denn Unbesonnenheit ist dem blühenden Alter, Einsicht dem Greisenalter eigenthümlich.

»*Aber das Gedächtniß nimmt ab.*« Ich glaub' es, wenn man es nicht übt, oder auch, wenn man von Natur langsamen Geistes ist. Themisiokles[78] hatte sich die Namen aller seiner Mitbürger gemerkt. Meint ihr nun wol, er habe, nachdem er im Alter vorgerückt war, den Mann, der Aristides war, als Lysippus gegrüßt? Ich wenigstens kenne nicht nur die jetzt Lebenden, sondern auch ihre Väter und Großväter. Und wenn ich die Grabschriften lese[79] , bin ich nicht besorgt, wie man sagt, mein Gedächtniß zu verlieren; denn eben durch das Lesen derselben erinnere ich mich wieder an die Verstorbenen. Auch habe ich nie gehört, daß irgend ein Greis den Ort ver-

---

[75] senibus,Greisen; daher die Rathsversammlung Senat genannt wurde.

[76] γέροντες d. i. Greise; die Rathsversammlung hieß γερουσία.

[77] in Naevii poetae ludo; Andere schreiben Ludo und erklären es für den Titel eines Lustspieles. S. Georges Lat. Lex. h. v.Nävius aus Campanien (gest. 206 v. Chr.) war ein berühmter Römischer Tragiker und Komiker. Auch verfaßte er ein historisches Gedicht in sieben Büchern, den ersten Punischen Krieg (vgl.), in dem er selbst Kriegsdienste gethan hatte.

[78] Ueber des Themistokles ausgezeichnetes Gedächtniß vgl. Cicer. de Fin. II. 32, 104. . .

[79] Es herrschte bei den Alten der Aberglaube, das Lesen der Inschriften auf den Grabmälern schade dem Gedächtnisse. Cato aber beschäftigte sich mit den Grabinschriften, um sie für seine Urgeschichte (Origenes, s. d. Einleitung) zu benutzen.

gessen habe, wo er einen Schatz vergraben hatte. An Alles, was ihnen am Herzen liegt, erinnern sie sich, an festgesetzte Bürgschaftsleistungen, an ihre Schuldner und an ihre Gläubiger. Wie? Alle Rechtsgelehrte, Oberpriester, Auguren, Philosophen, wie Vieles bewahren sie im Gedächtnisse?

Die Geisteskräfte bleiben den Greisen, wenn nur Eifer und Thätigkeit verbleibt, und dieß ist nicht allein bei angesehenen und hochgestellten Männern der Fall, sondern auch im amtlosen und ruhigen Leben. Sophokles[80] dichtete bis zum höchsten Alter Trauerspiele. Da er wegen dieser Beschäftigung sein Hauswesen zu verabsäumen schien, so ward er von seinen Söhnen vor Gericht geladen, damit, wie nach unserer Sitte den übel wirtschaftenden Vätern die Verwaltung ihres Vermögens untersagt zu werden pflegt, die Richter auch ihn als einen Blödsinnigen von der Verwaltung seines Hauswesens entfernten. Da soll der Greis das Stück, das er eben den Händen hielt und erst kürzlich geschrieben hatte, den Oedipus auf Kolonos, den Richtern vorgelesen und sie gefragt haben, ob ihnen diese Dichtung das Werk eines Blödsinnigen scheine? Nach Vorlesung desselben ward er durch den Ausspruch der Richter frei gesprochen. Hat nun wol diesen Mann, hat den Homerus[81], hat den Hesiodus[82], den Simonides[83], den Stesichorus[84], hat die zuvor[85] erwähnten Männer. den Isokrates und Gorgias, hat die Häupter der

---

[80] Von den vielen Trauerspielen des Sophokles aus Athen (geb. 497 v. Chr., gest. 405) sind nur noch sieben übrig, und unter diesen ist das hier erwähnte Oedipus auf Kolonos (einem hochgelegenen Gaue Athens) eines der vorzüglichsten.

[81] Die Worte: num Homerum hat Halm weggelassen: sie fehlen in mehreren Handschriften, in anderen sind sie versetzt. Gernhard, Klotz, Madvig u. A. halten sie für ächt. Wegen der darauf folgenden Worte: num Hesiodum konnten sie leicht von einem Abschreiber übersehen werden.

[82] Hesiodus aus Kyme in Aeolis lebte zu Askra in Böotien um 800 v. Chr. Seine Hauptgedichte sind eine Theogonie und ein auf den Ackerbau bezügliches Lehrgedicht (ἔργα καὶ ἡμέραι.)

[83] Simonides aus Kea (Keos), einer Insel des Aegäischen Meeres, geb. 556 v. Chr., gest. 467, ein berühmter lyrischer Dichter. Von seinen Gedichten sind nur noch wenige Bruchstücke übrig.

[84] Stesichorus aus Himera in Sicilien um 600 v. Chr., gleichfalls ein lyrischer Dichter; auch von ihm sind uns nur wenige Bruchstücke erhalten worden.
[85] .

Philosophen, den Pythagoras[86] , den Demokritus[87] , hat den Plato[88] , hat den Xenokrates[89] , hat die später Lebenden, Zeno[90] , Kleanthes[91] oder den Philosophen, den ihr auch in Rom gesehen habt, den Stoiker Diogenes[92] , das Greisenalter genöthigt in ihren Beschäftigungen zu verstummen? War nicht bei allen diesen Männern ihre wissenschaftliche Thätigkeit von gleicher Dauer mit ihrem Leben?

Nun denn, um diese herrlichen Wissenschaften zu übergehen, ich kann aus dem Sabinischen Gebiete[93] Römische Landleute, die meine Nachbarn und Freunde sind, nennen, in deren Abwesenheit fast nie auf dem Felde wichtige Arbeiten vorgenommen werden, nicht beim Aussäen, nicht beim Ernten, nicht beim Aufspeichern der Früchte. Indeß darf man sich bei anderen Geschäften weniger verwundern; denn Niemand ist so alt, daß er nicht noch ein Jahr zu leben gedächte; aber eben diese Menschen mühen sich mit solchen Dingen ab, von welchen sie wissen, daß sie ihnen gar keinen Vortheil gewähren.

---

[86] Pythagoras aus Samos, Schüler des Pherkydes, Stifter der Italischen oder der nach ihm benannten Pythagoreischen Schule, geb. 582 v. Chr., gest. zu Kroton in sehr hohem Alter. Seine philosophischen Lehren schrieb er nicht nieder, sondern theilte sie nur mündlich seinen Schülern mit.

[87] Demokritus aus Abdera in Thracien, geb. 460 v. Chr., gest. 357, erweiterte und bildete die von Leucippus gegründete Atomenlehre aus. Von seinen zahlreichen Schriften sind uns nur einzelne Sätze aufbewahrt worden.

[88] S. zu .

[89] Xenokrates aus Chalcedon in Bithynien, Schüler Plato's, nach Speusippus Vorsteher der Akademie von 339 v. Chr. an fünfundzwanzig Jahre hindurch.

[90] Zeno aus Citium auf der Insel Cypern, Stifter der Stoischen Schule (um 300 v. Chr.), gestorben zu Athen, über 90 Jahre alt.

[91] Kleanthes aus Assus in Lycien, Schüler des Krates und Nachfolger Zeno's, einer der berühmtesten Stoiker. Nach Diog. L. VII. 176 soll er 80 Jahre alt geworden sein.

[92] Diogenes, der Babylonier, eigentlich aus Seleucia in Syrien (καλούμενος δὲ Βαβυλώνιος διὰ τὴν γειτονίαν, Diog. L. VII. 81) ein Schüler des berühmten Stoikers Chrysippus. Lehrer der Stoischen Philosophie zu Athen. Im J. 156 v. Chr. wurde er als Gesandter mit dem Akademiker Karneades und dem Peripatetiker Kritolaus nach Rom geschickt, wo er philosophische Vorträge hielt. Cicer. Tusc. IV. 3, 5.

[93] Cato hatte im Sadinischen Gebiete sein Landgut. S. . Corn. Nep. Cat. 1, 1.

> Er pflanzet Bäume für ein künftiges Geschlecht,

wie unser Statius[94] in den Synepheben sagt. Und wahrlich, der Landmann, mag er noch so alt sein, kann auf die Frage, für wen er pflanze, ohne Bedenken antworten: »Für die unsterblichen Götter, welche gewollt haben, daß ich diese Güter nicht nur von meinen Vorfahren empfange, sondern auch meinen Nachkommen überliefere.«

Und diese Aeußerung des Cäcilius über den Greis, welcher auch für das künftige Geschlecht sorgt, ist besser als folgende desselben Dichters:

> Fürwahr, o Alter, brächt'st du sonst kein Ungemach
> Mit dir, wenn du dich nahst; das Eine ist genug:
> Wer lange lebt, steht Vieles, was er nicht begehrt.

Und vielleicht auch Vieles, was er begehrt. Und in das, was das Greisenalter nicht will, geräth oft auch das Jünglingsalter. Noch fehlerhafter ist folgende Aeußerung desselben Cäcilius:

> Dann acht' ich das im Alter für das Traurigste,
> Zu fühlen, daß man Anderen beschwerlich ist.

Nein, angenehm vielmehr als beschwerlich! Denn sowie verständige Greise an Jünglingen von guten Anlagen Wohlgefallen finden, und ihr Alter erleichtert wird, wenn sie sich von der Jugend geehrt und geachtet sehen: so freuen sich auch Jünglinge an den Lehren der Greise, durch welche sie zu tugendhaften Bestrebungen angeleitet werden, und ich fühle, daß ich euch nicht minder angenehm bin, als ihr mir.

Doch ihr seht, wie das Greisenalter nicht nur nicht schlaff und unthätig ist, sondern vielmehr arbeitsam und immer Etwas betreibt und unternimmt, natürlich Etwas von der Art, wie eines Jeden Be-

---

[94] Cäcilius Statius aus Mailand, Lateinischer Lustspieldichter, Freund des Ennius, gest. 170 v. Chr. Er hat viele Griechische Lustspiele frei in's Lateinische übersetzt. Wir haben nur noch einzelne Bruchstücke von denselben übrig. S. Fragm. Comic. v. Bothe. Eines seiner Stücke führte die Aufschrift Synepheben (συνέφηβοι) d. i. Jugendfreunde, welches er nach dem gleichnamigen Stücke des Griechischen Lustspieldichters Menander bearbeitet hatte.

schäftigung in seinem früheren Leben war. Ja, es gibt Greise, welche auch noch Etwas hinzu lernen. So sehen wir, daß sich Solon[95] in seinen Versen rühmt, indem er sagt, er werde unter täglichem Hinzulernen alt. Ein Gleiches habe ich gethan; denn ich habe mich noch als Greis mit der Griechischen Literatur bekannt gemacht, und ich ergriff sie so gierig, als ob ich einen langwierigen Durst zu stillen wünschte, und so sind mir gerade die Dinge bekannt geworden, die ihr mich jetzt als Beispiele anführen seht. Da ich hörte, Sokrates habe es mit dem Saitenspiele[96] so gemacht, so wünschte ich allerdings dieses auch; denn die Alten lernten das Saitenspiel, indeß habe ich mich wenigstens mit den Wissenschaften fleißig beschäftigt.

---

[95] Solon, der berühmte Gesetzgeber der Athener (um 590 v. Chr.), war zugleich elegischer Dichter. Der hier erwähnte Ausspruch desselben findet sich bei Plutarch. Solon. c. 31: γηράσκω δ' αἰεὶ πολλὰ διδασκόμενος.

[96] Cicer. ad Famil. IX. 22, 3: Socratem fidibus docuit nobilissimus fidicen. Is Connus vocitatus est. Vgl. Platon. Menex. p. 235, E.

Auch *vermisse ich,* jetzt wenigstens, *nicht die Kräfte des Jünglings,* –
das war nämlich der zweite Punkt den Fehlern des Greisenalters –
ebenso wenig, als ich in meiner Jugend die Kräfte eines Stieres oder
Elephanten vermißte. Was man hat, das soll man benutzen, und
was man auch thun mag, nach Maßgabe seiner Kräfte thun. Denn
kann wol eine Aeußerung verächtlicher sein, als die des Krotoniaten
Milo[97] ? Als dieser schon ein Greis war und Wettkämpfer sich auf
der Rennbahn üben sah, soll er seine Arme angeschaut und wei-
nend gesagt haben: »Ach, diese sind schon abgestorben!« Nein,
nicht diese, sondern vielmehr du selbst, Schwätzer. Denn niemals
bist du durch *dich* berühmt geworden, sondern durch deine Brust
und deine Arme. Dieß kann man nicht von Sextus Aelius[98] sagen,
nicht viele Jahre zuvor von Tiberius Coruncanius[99] , nicht vor Kurzem von Publius Crassus[100] : Männern, welche den Bürgern Geset-
ze vorschrieben, und deren Staatsklugheit bis zum letzten Lebenshauche fortschritt.

Der Redner, fürchte ich, *dürfte im Alter erschlaffen;* denn sein Beruf
erheischt nicht allein Geist, sondern auch eine gute Brust und Leibeskräfte. Allerdings tritt jenes Wohltönende der Stimme, ich weiß
nicht wie, auch noch im Greisenalter deutlich hervor; wenigstens
hab' ich es noch nicht verloren, und ihr seht meine Jahre; indeß
beruht bei dem Vortrage eines Greises die Würde auf einer ruhigen
und gelassenen Rede, und sehr oft verschafft sich schon allein der
geschmückte und sanfte Vortrag eines beredten Greises Gehör. Und
kann man selbst auch dieses nicht mehr leisten, so kann man doch
einem Scipio und Lälius Vorschriften ertheilen. Denn gibt es wol

---

[97] Milon aus Kroton in Unteritalien, ein berühmter Athlet von ungewöhnlicher
Körperstärke (um 580 v. Chr.). Vgl. .

[98] Sextus Aelius Pätus, im J. 198 v. Chr. mit Titus Flamininus Consul. Er hatte
den Beinamen Catus, d. h. klug, wegen seiner ausgezeichneten Kenntniß in der
Rechtswissenschaft. Vgl. Cicer. Brut. 20, 78. . Auch gab er das sogenannte jus
Aelianum heraus, d. h. eine Erklärung der bisher nur den Patriciern bekannten
Rechtsformeln.

[99] Ueber Tiberius Coruncanius s. zu .

[100] Publius Licinius Crassus Dives, seit 212 v. Chr. Hoher Priester, im J. 204
Consul mit dem älteren Scipio Africanus. Liv. 30, 1 lobt ihn als einen durch
Reichthum, Schönheit, körperliche Kraft, Beredsamkeit und Kenntniß des
Rechtes ausgezeichneten Mann. Vgl. unten . .

etwas Erfreulicheres, als einen Greis zu sehen, der von wißbegieriger Jugend umringt ist?

Oder wir dem Greisenalter nicht einmal *die* Kräfte überlassen Jünglinge zu belehren, zu unterrichten und zu jeder Berufspflicht auszurüsten? Und kann wol Etwas herrlicher sein als ein solches Geschäft? Mir erscheinen in der That Gnäus und Publius Scipio[101] und deine beiden Großväter, Lucius Aemilius[102] und Publius Africanus[103] , in der Umgebung edler Jünglinge beglückt, und alle Lehrmeister der edlen Wissenschaften sind für glücklich zu achten, so sehr auch ihre Körperkräfte gealtert und abgenommen haben; indeß ist selbst diese Abnahme der Kräfte öfter eine Folge von Jugendsünden als von Gebrechen des Greisenalters; denn eine wollüstige und unmäßige Jugend überliefert dem Greisenalter einen entkräfteten Körper.

Cyrus wenigstens erklärt bei Xenophon[104] in der Rede, die er in hohem Alter auf dem Sterbebette hielt, er habe niemals gefühlt, daß sein Alter schwächer geworden sei, als sein Jünglingsalter gewesen wäre. Ich erinnere mich aus meiner Kindheit, daß Lucius Metellus[105] , der vier Jahre nach seinem zweiten Consulate Hoher Priester geworden war und zweiundzwanzig Jahre diesem Priesteramte vorstand, bei so guten Kräften in der letzten Zeit seines Lebens war, daß er seine Jugend nicht vermißte. Ich habe nicht nöthig von mir

---

[101] Gnäus und Publius Cornelius Scipio, ein edles Brüderpaar, Heerführer der Römer im zweiten Punischen Kriege in Spanien, 212 v. Chr. in kurzer Zeit nach einander durch die List der Karthager und durch Verrath der Celtiberier getödtet, nachdem sie den Hanno und Hasdrubal am Ebro besiegt hatten.

[102] Lucius Aemilius Paullus, Vater des Aemilius Macedonicus (s. zu), leiblicher Großvater des jüngeren Scipio Africanus, erlitt in seinem zweiten Consulate (216 v. Chr.) durch die Unbesonnenheit seines Amtsgenossen, Terentius Varro, die schreckliche Niederlage der Römer bei Cannä und fand selbst den Tod. S. Livius 22, 49.

[103] Publius Africanus, der ältere, war der Adoptivgroßvater des jüngeren Africanus. S. zu .

[104] Xenoph. Cyrop. VIII. 7, 6: τοὐμὸν γῆρας οὐδεπώποτε ᾐσθόμην τῆς ἐμῆς νεότητος ἀσθενέστερον γιγνόμενον. Ueber Xenophon s. zu .

[105] Lucius Cäcilius Metellus erfocht als Proconsul in dem ersten Punischen Kriege im J. 251 v. Chr. bei Panormus in Sicilien über den Karthagischen Feldherrn Hasdrubal einen glänzenden Sieg. Vgl. Cicer. de Rep. I. 1, 1. Im J. 243 wurde er Hoher Priester.

selbst zu sprechen, wiewol dieß der Greise Art ist und unserem Alter zugutegehalten wird.

Seht ihr nicht, wie sich Homerus' Nestor[106] so oft seiner Vorzüge rühmt? Denn er lebte schon im dritten Menschenalter[107] und brauchte nicht zu befürchten, wenn er sich wahrer Vorzüge rühme, für zu anmaßend oder zu geschwätzig zu gelten. Denn es entfloß, wie Homerus sagt, seiner Zunge die Rede süßer denn Honig[108] . Zu dieser Anmuth bedurfte er keiner Körperkräfte; und doch wünscht jener Heerführer

[109] Griechenlands nirgends zehn Männer wie Ajax

[110] , wohl aber wie Nestor zu haben; denn würde ihm dieß zu Theil, so zweifelt er nicht, daß Troja in Kurzen. fallen werde.

Doch ich komme auf mich zurück. Ich stehe jetzt im vierundachtzigsten Jahre. Ich wünschte allerdings ebendasselbe von mir rühmen zu können, was Cyrus von sich rühmt[111] ; gleichwol kann ich das behaupten, wenn ich auch nicht mehr die Kräfte besitze, die ich als gemeiner Krieger im Punischen Kriege oder als Quästor in dem nämlichen Kriege oder als Consul in Hispanien besaß, oder vier Jahre später, da ich als Kriegstribun unter dem Consul Manius

---

[106] Nestor, König von Pylos im Peloponnese. Die Homerischen Stellen sind ff. ff.

[107] Vgl. Homer.. Ein Menschenalter betrug 30 Jahre.

[108] : τοῦ καὶ ἀπὸ γλώσσης μέλιτος γλυκίων ῥέεν αυδή.

[109] Agamemnon, König von Mycenä. Die Homerische Stelle ist f.:
Αἰ γάρ, Ζεῦ τε πάτερ καὶ Ἀθηναίη καὶ Ἀπολλον
Τοιοῦτοι δέκα μοι συμφράδμονες εἶεν Ἀχαιῶν.
●
●

[110] Ajax, Sohn des Telamon, Königs von Salamis, nach Achilles der tapferste aller Griechen vor Troja. f.:
Ἀνδρῶν αὖ μέγ' ἄριστος ἔην Τελαμώνιος Αἴας,
Ὄφρ' Ἀχιλεὺς μήνιεν· ὁ γὰρ πολὺ φέρτατος ἦεν.
●
●

[111] S. .

Acilius Glabrio[112] bei den Thermopylen focht; so hat mich doch, wie seht, das Alter nicht ganz entnervt und zu Boden gedrückt. Nicht vermißt meine Kräfte die Curie, nicht die Rednerbühne, nicht die Freunde, nicht die Schutzgenossen, nicht die Gastfreunde. Denn nie habe ich jenem alten und gepriesenen Sprüchworte beigepflichtet, welches mahnt, man müsse früh Greis werden, wenn man lange Greis sein wolle[113] . Ich fürwahr wollte weniger lange als vor der Zeit Greis sein. Daher hat sich noch Niemand an mich wenden wollen, für den ich zu beschäftigt gewesen wäre[114] .

»Aber ich habe weniger Kräfte als Einer von euch Beiden.« Auch ihr habt nicht die Kräfte des Hauptmannes Titus Pontius[115] ; ist nun wol dieser darum vorzüglicher? Es finde nur eine richtige Mäßigung der Kräfte statt, und es strenge sich Jeder so viel an, als er vermag; dann wird man wahrlich kein großes Verlangen nach mehr Kräften haben. Zu Olympia soll Milo[116] , einen lebendigen Ochsen auf den Schultern tragend, durch die Rennbahn einhergeschritten sein. Möchte man sich nun lieber diese Körperkräfte oder des Pythagoras[117] Geisteskräfte wünschen? Kurz, man gebrauche dieses Gut, so lange es da ist; wenn es nicht mehr da ist, so vermisse man es nicht, wenn sich nicht etwa Jünglinge das Knabenalter und die im Alter ein wenig Vorgerückten das Jünglingsalter zurückwünschen sollen.

Das Lebensalter hat seine bestimmte Bahn, und es gibt nur *einen* Weg der Natur, und zwar einen einfachen; und einem jeden Ab-

---

[112] Manius Acilius Glabrio besiegte als Consul im J. 191 v. Chr. in den Thermopylen, einem Engpasse Thessaliens, den König von Syrien, Antiochus III. den Großen. Livius 36, 17 übrigens erzählt, daß Cato damals nicht Kriegstribun, sondern Unterfeldherr gewesen sei.

[113] Der Sinn des Sprüchwortes ist: Man muß früh besonnen und mäßig wie ein Greis sein, wenn man lange leben will. Cato schiebt aber dem Sprüchworte einen anderen Sinn unter, nämlich: man muß früh das bequeme Leben eines Greises erstreben, wenn man lange leben will.

[114] und aus diesem Grunde ihm meine Dienste verweigert hatte.

[115] Ob dieser Titus Pontius derselbe gewesen sei, der bei Cicer. de Fin. I. 3, 9 in einem Verse des Satirikers Lucilius erwähnt wird, läßt sich nicht mit Bestimmtheit sagen.

[116] S. zu . Quintil. I, 9: ut Milo, quem vitulum assueverat ferre, taurum ferebat.

[117] Ueber Pythagoras s. zu .

schnitte des Lebens ist seine bestimmte Zeitigkeit zugewiesen, indem Schwäche der Kinder, die Wildheit der Jünglinge, der Ernst des männlichen Alters und die Reife des Greisenalters etwas Naturgemäßes hat, was zu seiner Zeit benutzt werden muß. Du hast, denk' ich, gehört, mein Scipio, was dein großväterlicher Gastfreund Masinissa[118] noch heute in einem Alter von neunzig Jahren thut. Wenn er eine Reise zu Fuß angetreten hat, so besteigt er durchaus kein Pferd; wenn zu Pferde, so steigt er nicht vom Pferde ab; durch keinen Regen, durch keine Kälte läßt er sich bewegen sein Haupt zu bedecken; er besitzt eine ungemeine Trockenheit[119] des Körpers; daher verrichtet er noch alle Pflichten und Geschäfte eines Königs. So können also Uebung und Mäßigkeit auch im Greisenalter Etwas von der vormaligen Rüstigkeit bewahren.

Gesetzt, *es fehlen im Greisenalter die körperlichen Kräfte;* so verlangt man auch keine Kräfte vom Greisenalter. Deßhalb ist unser Alter nach den Gesetzen und dem Herkommen von solchen Geschäften frei[120], welchen man sich ohne Kräfte nicht unterziehen kann. Und daher zwingt man uns nicht zu dem, was wir nicht vermögen, ja nicht einmal zu so viel, als wir vermögen.

»Aber viele Greise sind so schwach, daß sie kein ihres Berufes oder überhaupt des Lebens verrichten können.« Aber dieß ist kein eigentlicher Fehler des Greisenalters, sondern ein gemeinsamer des Ge-

---

[118] Masinissa, König der Massulischen Numidier in Afrika; im ersten Punischen Kriege mit den Karthagern verbündet, im zweiten Punischen Kriege aber, im J. 206, von dem älteren Scipio Africanus in die Freundschaft aufgenommen, schloß er ein Bündniß mit den Römern und leistete dem jüngeren Scipio Africanus in der Schlacht bei Zama wichtige Dienste. Erst zu Anfang des dritten Punischen Krieges starb er, 90 Jahre alt. Vgl. Cicer. Somn. Scip. c. 1. Sallust. Iug. 5. Livius 29, 29 sqq. Appian. de reb. Pun. c. 106.

[119] siccitatem d. h. Festigkeit. Varro ap. Non. h. v.: Persae propter exercitationes pueriles modicas eam sunt consecuti corporis siccitatem, ut neque spuerent neque emungerentur sufflatove corpore essent, nach Xenoph. Cyrop. I, 2. 16, woraus man sieht, daß das Wort des Non. modicas ganz verkehrt hinzugesetzt ist; denn bei Xenophon steht τῆς μετρίας διαίτης. Cicer. Tuscul. V. 34, 99: Adde siccitatem, quae consequitur hanc continentiam in victu.

[120] Die Römer waren nur bis zum 45sten Jahre zum Kriegsdienste verpflichtet; die älteren wurden nur zur Bewachung der Stadt verwendet; vom 60sten Jahre an waren sie nicht allein vom Kriegsdienste, sondern von jedem Staatsdienste befreit.

sundheitszustandes. Wie schwach war des Publius Africanus Sohn[121] , der dich an Kindesstatt angenommen hat! von wie zarter oder vielmehr gar keiner Gesundheit! Wäre das nicht der Fall gewesen, so würde er ein zweites Licht des Staates geworden sein; denn zu der väterlichen Geistesgröße war bei ihm noch ein größerer Reichthum an wissenschaftlicher Bildung hinzugetreten. Was Wunder also bei Greisen, wenn sie zuweilen schwach sind, da auch Jünglinge diesem Uebel nicht entgehen können? Widerstand muß man, Lälius und Scipio, dem Greisenalter leisten und seine Gebrechen durch Achtsamkeit ausgleichen. Kämpfen muß man, wie gegen eine Krankheit, so gegen das Greisenalter. Man muß Rücksicht nehmen auf seine Gesundheit, mäßige Uebungen anstellen, Speise und Trank nur in dem Maße genießen, daß die Kräfte ersetzt, aber nicht unterdrückt werden.

Aber nicht allein dem Körper muß man zu Hülfe kommen, sondern in noch höherem Grade dem Geiste und der Seele; denn auch diese erlöschen im Greisenalter, wenn man nicht, wie bei einer Lampe, Oel einträufelt. Der Körper fühlt sich durch ermüdende Uebungen beschwert; der Geist hingegen wird durch Uebung gehoben. Denn unter den Greisen, welche Cäcilius[122] im Lustspiele »alberne Alte« nennt, versteht er leichtgläubige, vergeßliche, unordentliche Greise: Fehler, welche nicht dem Greisenalter überhaupt, sondern nur dem unthätigen, trägen und schläfrigen Greisenalter zukommen. Wie Muthwille, wie Sinnlichkeit mehr Jünglingen als Greisen eigen ist, doch nicht allen Jünglingen, sondern nur den nicht guten; ebenso jene Albernheit des Alters, die man Aberwitz zu nennen pflegt, leichtfertigen Greisen an, nicht aber allen. Vier kräftige Söhne, fünf Töchter, ein so großes Hauswesen, so große

---

[121] Der Sohn des älteren Scipio Africanus, der auch Publius Cornelius Scipio Africanus hieß, konnte zwar wegen schwächlicher Gesundheit die glänzende Laufbahn seines Vaters nicht verfolgen, war aber ein wissenschaftlich gebildeter Mann. Cicer. Brut. 19, 77 erwähnt von ihm kleine Reden und eine sehr angenehm (dulcissime) geschriebene Geschichte. Er nahm den Sohn des Aemilius Paullus Macedonicus, den später so berühmt gewordenen Publius Cornelius Scipio Aemilianus Africanus minor, an Kindes Statt an.

[122] Ueber Cäcilius Statius s. zu . Die Verse, auf die sich die Stelle bezieht, stehen im .

Schutzgenossenschaften verstand Appius[123] , der alt und blind war, zu beherrschen; denn er hielt seinen Geist wie einen Bogen gespannt und unterlag nicht aus Erschlaffung dem Greisenalter. Er behauptete nicht nur sein Ansehen, sondern auch die Herrschaft über die Seinigen; ihn fürchteten seine Sklaven, ihn achteten seine Kinder; Alle hatten ihn lieb; es blühte in seinem Hause noch der Vorältern Sitte und Zucht. Denn das Greisenalter steht dann in Ehren, wenn es sich selbst vertheidigt, wenn es sein Recht behauptet, wenn es sich Niemandem sklavisch unterwirft, wenn es bis zum letzten Lebenshauche über die Seinigen gebietet. Denn sowie ich den Jüngling lobe, in dem sich Etwas von einem Greise findet; so lobe ich auch den Greis, in dem sich Etwas von einem Jünglinge findet, und wer hiernach strebt, kann wol dem Körper nach Greis sein, dem Geiste nach wird er es nie sein. Ich habe jetzt das siebente Buch meiner Urgeschichte[124] unter Händen; ich sammele alle Urkunden des Alterthums; die Reden über alle wichtigeren Rechtshändel, die ich je vertheidigt habe, arbeite ich gerade jetzt aus; ich beschäftige mich mit dem Rechte der Auguren und der Oberpriester, sowie mit dem bürgerlichen Rechte; auch die Griechische Litteratur treibe ich fleißig, und nach Art der Pythagoreer

[125] vergegenwärtige ich mir zur Uebung des Gedächtnisses am Abende, was ich an jedem Tage gesagt, gehört und gethan habe. Das sind die Uebungen des Geistes, das die Wettkämpfe des Verstandes; in ihnen und mich abmühend, vermisse ich nicht sonderlich die Körperkräfte. Ich vertrete meine Freunde vor Gericht, komme häufig in die Senatssitzungen, theile unaufgefordert viel

[123] Ueber Appius Claudius Cäcus s. zu .

[124] Unter der Aufschrift Origines gab der ältere Cato ein Geschichtswerk heraus, worin er in sieben Büchern die Abstammung und Geschichte der Italischen Völker behandelte. Vgl. Cicer. Brut. 17, 66. 85, 294. Corn. Nep. Cat. c. 3, 4.

[125] In den sogenannten goldenen Sprüchen (χρυσᾶ ἔπη) des Pythagoras (s. zu) heißt es Vers 40 bis 44:
μηδ' ὕπνον μαλακροῖσιν ἐπ' ὄμμασι προσδέξασθαι
πρὶν τῶν ἡμερινῶν ἔργων τρὶς ἕκαστον ἐπελθεῖν ·
πῇ παρέβην τί δ' ἔρεξα; τί μοι δέον οὐκ ετελέσθη;
αρξάμενος ἀπὸ πρώτου επέξιθι καὶ μετέπειτα
δαιλὰ μὲν εκπρήξας επιπλήσσεο, χρηστὰ δὲ τέρπου.
•
•

44

und lange überdachte Gegenstände mit und vertheidige sie mit den Kräften des Geistes, nicht des Körpers. Und wäre ich auch nicht mehr im Stande dieses auszuführen, so würde ich doch auf meinem Ruhelager Unterhaltung finden, auf dem ich eben das überdächte, was ich nicht mehr ausführen könnte; daß ich es aber noch kann, ist die Wirkung meiner früheren Lebensweise. Denn wer immer in solchen Beschäftigungen und Arbeiten lebt, bemerkt nicht, wann das Alter heranschleicht. So neigt sich das Leben allgemach in Gemächlichkeit[126] zum Greisenalter, und nicht plötzlich wird es geknickt, sondern erlischt in der Länge der Zeit.

Nun folgt der *dritte* Tadel des Greisenalters, *daß es*, wie man sagt, *der sinnlichen Vergnügungen entbehre*. O welch ein herrliches Geschenk des Alters, wenn anders es von uns das wegnimmt, was am Jünglingsalter das Fehlerhafteste ist! Vernehmt denn, edle junge Männer, eine alte Rede des Tarentiners Archytas[127] , eines vorzüglich großen und herrlichen Mannes, die mir mitgetheilt wurde, als ich in meiner Jugend mit Quintus Maximus[128] in Tarentum war.

»Keine verderblichere Pest«, sagte er, »sei den Menschen von der Natur gegeben als die sinnliche Lust; denn die nach ihr gierig strebenden Triebe würden blindlings und zügellos angereizt sich derselben zu bemächtigen. Hieraus entstehe Verrath des Vaterlandes, hieraus Umsturz der Staaten, hieraus heimliche Unterhandlungen mit den Feinden; kurz, es gebe keinen Frevel, keine Uebelthat, zu deren Ausübung die sinnlichen Begierden nicht anreizten; Unzucht aber und Ehebruch und jede derartige Schändlichkeit werde durch keine anderen Lockungen angeregt als durch die der Sinnenlust. Und der welche dem Menschen sei es die Natur, sei es die Gottheit als das Herrlichste verliehen habe, dieser göttlichen Gabe und diesem göttlichen Geschenke, sei Nichts so feind als die Sinnenlust. Denn wo die Sinnenlust herrsche, da sei für Besonnenheit kein

---

[126] Das Wortspiel sensim sine sensu haben wir durch: allgemach in Gemächlichkeit wiederzugeben gesucht.

[127] Archytas aus Tarentum, ein berühmter Philosoph der Pythagoreischen Schule, Lehrer Plato's, lebte um 370 v. Chr. Er zeichnete sich nicht bloß in der Philosophie, Mathematik und Mechanik aus, sondern war auch ein tüchtiger Feldherr und vortrefflicher Mensch. S. Diog. L. 8, 79.

[128] S. zu .

Raum, und überhaupt könne im Reiche der Sinnenlust die Tugend nicht bestehen. Um dieß besser begreifen zu können, fordert er auf sich einen Menschen vorzustellen, welcher von der höchsten Sinnenlust, die man genießen könne, gereizt sei. Niemandem, meint er, würde es zweifelhaft sein, daß ein Solcher, so lange er sich dieses Genusses erfreue, Nichts im Verstande überlegen, Nichts mit der Vernunft, Nichts mit den Gedanken erfassen könne. Deßhalb sei Nichts so verabscheuungswürdig und verderblich als die sinnliche Lust, insofern ja dieselbe, wenn sie sehr stark und von sehr langer Dauer sei, das ganze Licht des Geistes auslösche.«

Dieses hat Archytas vor dem Samniten Gajus Pontius[129], dem Vater dessen, von dem die Consuln Spurius Postumius und Titus Veturius in der Kaudinischen Schlacht überwunden wurden, gesprochen, wie unser Gastfreund, der Tarentiner Nearchus[130], der der Freundschaft mit dem Römischen Volke treu geblieben war, von älteren Leuten vernommen zu haben versicherte, da ja diesem Gespräche auch der Athener Plato beigewohnt habe, der, wie ich finde, unter dem Consulate des Lucius Camillus und Appius Claudius[131] nach Tarentum kam.

Wozu dieß? Damit ihr einsehet, daß, wenn wir die Sinnenlust mit Hülfe der Vernunft und Weisheit nicht zurückweisen könnten, wir dem Greisenalter großen Dank schuldig wären, da es daß uns nicht nach dem gelüstet, wornach uns nicht gelüsten soll. Denn die Sinnlichkeit ist der Ueberlegung hinderlich, sie ist eine Feindin der Vernunft, sie verblendet, so zu sagen, die Augen des Verstandes und hat keinen Verkehr mit der Tugend. Ungern that ich es, daß ich des so tapferen Titus Flamininus[132] Bruder, den Lucius Flamininus[133],

---

[129] Gajus Pontius, Sohn des Herennius, ein tapferer Heerführer der Samniten, schloß im J. 321 v. Chr. die Römer unter den Consuln Spurius Postumius und Titus Veturius bei Caudium, einer Stadt Samniums, in den Caudinischen Pässen ein und ließ sie durch das Joch gehen. Im J. 292 wurde er gefangen genommen und enthauptet.

[130] Auch Plutarch. Cat. M. c. 2. erwähnt den Nearchus als Gastfreund des Cato.

[131] Lucius Camillus und Appius Claudius waren Consuln im J. 349 v. Chr. Uebrigens ist Cicero's Angabe unrichtig. Nicht 349 v. Chr. (d. i. ein Jahr vor seinem Tode) kam Plato nach Tarentum, sondern etwa 10 Jahre früher.

[132] Ueber Titus Flamininus s. zu .

[133] Lucius Flamininus war im J. 192 v. Chr. Consul.

aus dem Senate stieß, sieben Jahre nach seinem Consulate; aber ich hielt es für nothwendig seine Ausschweifung zu rügen. Denn da er als Consul[134] in Gallien war, ließ er sich bei einem Gastmahle von einer Buhlerin erbitten Einen von denen, die, wegen eines peinlichen Verbrechens verurtheilt, in Ketten lagen, mit dem Beile zu enthaupten[135], Er war unter dem Censoramte seines Bruders Titus[136], der zunächst vor mir Censor gewesen war, der Ahndung entschlüpft; ich aber und Flaccus[137] konnten eine so schandbare und heillose Ausschweifung schlechterdings nicht ungestraft hingehen lassen, da sie mit persönlicher Schande auch die Entehrung des Amtes verband.

Oft habe ich von älteren Leuten gehört, die es hinwiederum in ihrer Kindheit von Greisen gehört zu haben versicherten, Gajus Fabricius[138] habe sich öfters mit Verwunderung über das geäußert, was er bei seiner Gesandtschaft an den Pyrrhus von dem Thessalier Cineas[139] gehört hatte, es lebe zu Athen ein Mann[140], der für einen Weisen ausgebe[141] und doch behaupte, Alles, was wir thäten, müsse auf das sinnliche Vergnügen bezogen werden. Manius Curius und Tiberius Coruncanius[142]. die dieses von ihm hörten, hätten

---

[134] Consul steht hier für Proconsul. S. Georges Lat. Lex. unter consul.

[135] Der hier erwähnte Vorfall wird von Livius 39, 42 und 43 nach zwei verschiedenen Quellen verschieden erzählt, zuerst nach Cato, der ein männliches scortum den Punier Philippus, sodann nach Valerius aus Antium, einem Chronikenschreiber, der eine famosa mulier erwähnt.

[136] Titus Quinctius Flamininus war im J. 189 Censor.

[137] Lucius Valerius Flaccus bekleidete mit Cato sowol das Consulat im J. 195 v. Chr. als auch das Censoramt im J. 184.

[138] Ueber Gajus Fabricius s. zu . Die hier erwähnte Gesandtschaft fällt in das J. 280 v. Chr.

[139] Cineas aus Thessalien, ein Schüler des Demosthenes, Freund des Pyrrhus, ein sehr beredter und gebildeter Mann, durch dessen Beredsamkeit Pyrrhus mehr Städte erobert zu haben sich rühmte als durch die Waffen.

[140] Epikurus aus Gargettus, einem Attischen Demos, geb. 342 v. Chr. und gest. 270, Stifter der Epikureischen Schule, welche die Lust (ηδονη, voluptas) für das höchste Gut und den Schmerz für das höchste Uebel erklärte.

[141] Vgl. Cicer. Fin. II. 3, 7: (Epikurus), der sich allein, meines Wissens, für einen Weisen auszugeben wagt.

[142] Ueber Manius Curius und Tiberius Coruncanius s. zu .

öfter gewünscht, daß sich die Samniten[143] und Pyrrhus selbst davon überzeugen lassen möchten, damit sie desto leichter besiegt werden könnten, wenn sie sich den Vergnügungen hingäben. Manius Curius war ein Zeitgenosse des Publius Decius[144] , der sich in seinem vierten Consulate fünf Jahre vor dem Consulate jenes für den Staat geopfert hatte. Es kannte ihn Fabricius, es kannte ihn Coruncanius. Diese Männer zogen sowol aus ihrem eigenen Leben als auch aus der That des eben genannten Publius Decius den Schluß, es gebe in Wahrheit etwas von Natur Schönes und Herrliches, das um seiner selbst willen begehrt werde, und nach dem die Edelsten mit Verschmähung und Verachtung der Sinnenlust trachteten.

Wozu nun so viele Worte über die Sinnenlust? Weil es nicht nur kein Tadel, sondern vielmehr das höchste Lob des Greisenalters ist, daß es nach keinen sinnlichen Vergnügungen großes Verlangen hat.

»Aber es entbehrt der Schmausereien, der reichlich besetzten Tafeln und der häufigen Zechgelage.« Nun, so entbehrt es auch der Trunkenheit, der Unverdaulichkeit und Schlaflosigkeit. Doch soll man dem sinnlichen Vergnügen Etwas einräumen, weil wir seinen Schmeicheleien nicht leicht widerstehen, – denn nennt Plato[145] das sinnliche Vergnügen den Köder des Bösen, weil sich nämlich die Menschen durch dasselbe fangen lassen, wie die Fische; – so kann sich das Greisenalter, obwol es unmäßige Schmausereien entbehrt, doch an mäßigen Gastmählern vergnügen.. Den Gajus Duilius[146] , des Marcus Sohn, der die Punier zuerst in einer Seeschlacht besiegt hatte, sah ich als Knabe oft in seinem Greisenalter von der Abendmahlzeit heimgehen. Er fand dabei Wohlgefallen an dem Scheine vieler Fackeln und an dem Spiele vieler Flötenbläser; und dieses hatte er sich als Privatmann ohne Anderer Vorgang herausgenommen. So viel

---

[143] Die Samniten waren Bundesgenossen der Tarentiner und des Pyrrhus.

[144] Publius Decius Mus, Sohn des gleichnamigen Decius (s. zu) brachte sich in seinem vierten Consulate (295 v. Chr.), dem Beispiele seines Vaters gleichen Namens, der als Consul im J. 340 v. Chr. im Kampfe mit den Latinern am Vesuve sich muthig für das Vaterland opferte, folgend, in dem Kriege mit den Samniten, Umbriern, Etruskern und Galliern im Gebiete der Stadt Sentinum in Umbrien als Opfer den unsterblichen Göttern für den Staat dar.

[145] Plat. Timaeus p. 69, D: ἡδονὴν, μέγιστον κακοῦ δέλεαρ.

[146] Gajus Duilius war der Erste, der über die Karthager bei Mylä, einer Seestadt Siciliens, im J. 260 v. Chr. einen Seesieg davon trug.

Freiheit gab ihm sein Ruhm. Doch was führe ich Andere an? Ich will auf mich selbst zurückkommen. Erstens hatte ich immer Tischgenossen bei mir. Die Tischverbrüderungen aber wurden unter meiner Quästur eingerichtet, als man den Idäischen Gottesdienst der großen Mutter[147] angenommen hatte. Ich schmauste nun mit den Tischgenossen allerdings mäßig; aber ich äußerte dabei doch noch ein jugendliches Brausen; doch mit dem Vorrücken des Alters mildern sich alle Leidenschaften. Denn das Vergnügen der Gastmähler selbst bemaß ich nicht sowol nach dem Sinnengenusse als vielmehr nach dem Zusammensein mit Freunden und den Unterhaltungen. Und treffend nannten unsere Altvordern die Tischgesellschaft von Freunden, weil sie eine Lebensvereinigung darbiete, ein Zusammenleben[148] ; besser als die Griechen, welche sie bald ein Zusammentrinken[149] bald ein Zusammenspeisen[150] nennen, so daß sie das, was hierbei das Geringste ist, am Meisten zu billigen scheinen.

Ja wahrlich, der Genuß der Unterhaltung läßt mich an lang anhaltenden Gastmählern[151] Vergnügen finden, und zwar nicht allein mit meinen Altersgenossen, deren nur noch sehr Wenige am Leben sind, sondern auch mit Männern eueres Alters und namentlich mit euch; und ich weiß es dem Greisenalter großen Dank, daß es mir das Verlangen nach Unterhaltung vermehrt, das nach Trank und Speise genommen hat[152] .

---

[147] Nach einem Ausspruche der Sibyllinischen Bücher wurde im J. 204 unter der Quästur Cato's das Bild der Göttin Cybele, ein Stein, aus Pessinus in Phrygien nach Rom gebracht. Die Cybele oder die große Mutter der Götter heißt Idäische Mutter von dem Berge Ida in Phrygien, woher ihr Kultus stammt.

[148] convivium

[149] συμπόσιον.

[150] σύνδειπνον.

[151] tempestivis conviviis. Die tempestiva convivia sind eigentlich solche Gastmähler, welche vor der gewöhnlichen Zeit des Mittagsmahles, nämlich vor der neunten Stunde des Tages, d. h. nach unserer Zeitrechnung vor 3 Uhr Nachmittags, begannen und dann häufig bis tief in die Nacht hingezogen wurden.

[152] Vgl. Plat. Rpl. I. p. 328, D: εὖ ἴσθι, ὅτι ἔμοιγε ὅσον αι ἄλλαι αι κατὰ τὸ σῶμα ηδοναι απομαραίνονται, τοσοῦτον αὔξονται αι περὶ τοὺς λόγους επιθυμίαι τε καὶ ηδοναι.

Ergötzen nun aber Manchen auch diese Genüsse, – damit ich nicht der Sinnenlust überhaupt den Krieg anzukündigen scheine, von der vielleicht die Natur ein gewisses Maß gestattet, – so sehe ich nicht ein, daß das Greisenalter selbst für diese Genüsse gar keinen Sinn haben soll. Mich ergötzen in der That die von unseren Altvordern eingeführten Trinkmeisterwürden[153] und die Unterhaltung, die nach Art unserer Altvordern bei dem Becher vom Obersten[154] anhebt, und die kleinen träufelnden Becher[155] , wie es im Gastmahle des Xenophon[156] heißt, und die Abkühlung im Sommer, sowie die Sonnenwärme und das Kaminfeuer. Diesen Vergnügungen pflege ich auch im Sabinischen[157] nachzugehen, wo ich täglich meinen Tisch mit eingeladenen Nachbarn vollzählig mache, und wir das Mahl bis tief in die Nacht, soviel wir können, unter mancherlei Gesprächen hinziehen.

»Aber der Kitzel der sinnlichen Genüsse ist bei den Greisen nicht mehr so groß.« Ich glaube es, aber auch nicht das Verlangen darnach. Nichts aber ist lästig, was man nicht vermißt.

Schön ist die Aeußerung des Sophokles[158] . Als ihn, schon vom Alter geschwächt, Jemand fragte, ob er noch der Liebe pflege, ent-

---

[153] magisteria, συμποσιαρχίαι. Bei einem Schmause wurde einer der Gäste zum magister convivii (rex convivii, συμποσίαρχος) durch das Loos gewählt, der die Trinkgesetze vorschrieb.

[154] D. h. von dem, der auf dem obersten Platze des Triklinium (Speisesophas) saß. Auf jedem Triklinium waren drei Plätze, der oberste, summus, links, der mittlere, medius, und der unterste, imus, rechts.

[155] rorantia, eigentlich: thauträufelnd, d. h. tropfenweise den Wein kosten lassend, im Gegensatze zu den großen Bechern, aus denen in vollen Zügen getrunken wurde.

[156] Xenoph. Conviv. 2, 26: Οὕτω δὲ καὶ ημεῖς ἡν μὲν αθρόον τὸ ποτὸν εγχεώμεθα, ταχὺ ημῖν καὶ τὰ σώματα καὶ αι γνῶμαι σφαλοῦνται καὶ ουδὲ αναπνεῖν, μὴ ὅτι λέγειν τι δυνησόμεθα· ἡν δε ημῖν οι παῖδες μικραῖς κύλιξι επιψεκάζωσιν, ἵνα καὶ εγὼ εν Γοργιείοις ρήμασιν εἴπω, οὕτως ου βιαζόμενοι υπὸ τοῦ οἴνου μεθύειν, αλλ' αναπειθομενοι πρὸς τὸ παιγνιωδέστερον αφιξόμεθα: wo man Bornemann p. 82–84 vergleiche.

[157] wo Cato, wie wir zu gesehen haben, sein Landgut hatte.

[158] Plat. Rpl. I. p. 329. B. C.: καὶ Σοφοκλεῖ ποτε τῷ ποιητῇ παρεγενόμενη ερωτωμένῳ υπο τινος. Πῶς, εφη, ὦ Σοφόκλεις, ἔχεις πρὸς ταφροδίσια; ἔτι οἶος τ' εἰ γυναικι συγγίγνεσθαι· καὶ ὁς Ευφήμει, εφη, ὦ άνθρωπε; ασμεναίτατα μέντοι αυτὸ απέφυγον, ὥσπερ λυττῶντά τινα καὶ αργιον δεσπότην αποφυγών.

gegnete er: »Das mögen die Götter verhüten! Wahrlich, ich bin davor geflohen wie vor einem rohen und rasenden Herrn.« Freilich, den nach solchen Genüssen Lüsternen ist die Entbehrung derselben vielleicht verhaßt und beschwerlich; den Gesättigten und Befriedigten aber ist die Entbehrung angenehmer als der Genuß, wiewol der nicht entbehrt, der nicht vermißt. Darum behaupte ich, dieses Nichtvermissen ist angenehmer. Wenn nun das jugendliche Alter gerade diese Vergnügungen lieber genießt, so genießt es erstens, wie gesagt, nur Dinge von geringem Werthe, sodann solche, deren das Greisenalter, wenn es sie auch nicht im Ueberflusse genießt, nicht gänzlich entbehrt.

Sowie Turpio Ambivius[159] dem einen größeren Genuß gewährt, der in der ersten Sitzreihe des Theaters zusieht, jedoch auch dem Genuß bereitet, der in der letzten zusieht; ebenso freut sich die Jugend, die die Vergnügungen in der Nähe beschaut, vielleicht mehr; aber auch das Alter, das sie aus der Ferne betrachtet, erfreut sich deren soviel, als genug ist.

Aber wichtig ist es, daß der Geist gleichsam nach überstandenen Dienstjahren der Sinnenlust, des Ehrgeizes, der Wettstreite, der Feindschaften und aller Begierden bei sich selbst ist und, wie man sagt, mit sich selbst lebt! Hat er vollends gleichsam eine Nahrung der wissenschaftlichen Beschäftigungen, so ist Nichts erfreulicher als ein von Amtsgeschäften freies Greisenalter.

Wir sahen den Gajus Gallus[160], den Freund deines Vaters, mein Scipio, wie er, ich möchte sagen, Himmel und Erde auszumessen bemüht war. Wie oft überraschte ihn das Tageslicht, wenn er des Nachts Etwas zu verzeichnen begonnen hatte! wie oft die Nacht, wenn er des Morgens damit angefangen hatte! Welche Freude

---

[159] Lucius Ambivius Turpio, ein berühmter Schauspieler, Zeitgenosse Cato's, der in den meisten Stücken des Terentius auftrat.

[160] Gajus Sulpicius Gallus, 166 v. Chr. Consul, ein gelehrter und namentlich in der Astronomie bewanderter Mann. In dem Kriege mit Perseus, dem Könige von Macedonien, diente er als Kriegstribun unter Aemilius Paullus (168), sagte vor der Schlacht bei Pydna eine Mondsfinsterniß vorher und munterte die Soldaten auf dieselbe nicht als ein böses Vorzeichen anzusehen, da ihre Erscheinung auf natürlichen Gründen beruhe. S. Livius 44, 37.

machte es ihm die Sonnen- und Mondesfinsternisse uns lange vorher zu sagen!

Wie steht es mit den geringfügigeren, aber doch Scharfsinn erheischenden Beschäftigungen? Wie viel Freude hatte Nävius[161] an seinem Punischen Kriege. wie viel Plautus[162] an seinem Truculentus, wie viel an seinem Pseudolus! Ich sah auch noch den alten Livius[163] , der sechs Jahre vor meiner Geburt unter dem Consulate des Cento und Tuditanus ein Schauspiel aufgeführt hatte und bis zu meinem Jünglingsalter fortlebte. Was soll ich von des Publius Crassus[164] Fleiße im priesterlichen und bürgerlichen Rechte sagen, oder von dem unseres Publius Scipio[165] , der erst vor wenigen Tagen Oberpriester geworden ist? Gleichwol waren alle diese Männer, die ich erwähnte, schon Greise, als wir sie diese Beschäftigungen mit brennendem Eifer treiben sahen. Den Marcus Cethegus

[166] vollends, den Ennius mit Recht das Mark der Beredsamkeit nannte, mit welchem Eifer sahen wir ihn noch in seinem Greisenal-

---

[161] Ueber Nävius s z. .

[162] Plautus aus Sarsina in Umbrien, der geistreichste unter den Römischen Lustspieldichtern, lebte zu Rom, geb. 227 v. Chr., gest. 184. Von seinen sehr vielen Stücken haben wir nur noch zwanzig übrig, zu denen Truculentus (der Griesgram) und der Pseudolus (das Lügenmaul) gehören.

[163] Marcus Livius Andronicus aus Tarent, ein tragischer Dichter, und zwar der erste, der um 240 v. Chr. unter dem Consulate des Gajus Claudius Cento und Publius Sempronius Tuditanus ein Schauspiel in Rom aufführte. Er war ein Freigelassener des Marcus Livius Salinator, dessen Kinder er unterrichtete. Auch übersetzte er die Odyssee in's Lateinische.

[164] Ueber Publius Licinius Crassus s. zu .

[165] Publius Cornelius Scipio Nasica, mit dem Beinamen Corculum (d. h. der Weise), Sohn des Publius Cornelius Scipio Optimus, im J. 162 v. Chr. und 155 Consul, 159 Censor, seit 150 Hoher Priester, ein beredter Mann, s. Cicer. Brut. 20, 79.

[166] Marcus Cornelius Cethegus, im J. 204 v. Chr. mit Publius Sempronius Tuditanus Consul (s. oben). Ueber ihn sagt Cicer. Brut. 15, 57 sq.: Quem vero exstet et de quo sit memoriae proditum eloquentem fuisse et ita esse habitum, primus est M. Cornelius Cethegus, cujus eloquantiae est auctor et idoneus, mea quidem sententia, Q. Ennius. Daselbst wird auch des Ennius Vers angeführt: Flos delibatus populi Suadaeque medulla.

●

ter sich in der Redekunst üben! Welche Vergnügungen der Gastmähler oder der Spiele oder der Liebschaften sind nun mit diesen Vergnügungen zu vergleichen? Und diese sind wissenschaftliche Beschäftigungen, die bei einsichtigen und gut unterrichteten Männern zugleich mit dem Alter zunehmen. Ehrenwerth ist daher jener Ausspruch des Solon, den er in einem Verschen, wie ich oben[167] erwähnte, gethan hat, er werde unter täglichem Hinzulernen alt: gewiß ein geistiges Vergnügen, das alle anderen überragt.

Ich komme nun zu den *Freuden des Landlebens,* an denen ich ein unglaublich großes Vergnügen finde. Sie werden einerseits durch kein Greisenalter gestört und scheinen mir andererseits sich am Nächsten an das Leben eines Weisen anzuschließen. Denn sie stehen mit der Erde in Rechnung, die sich niemals ihrer Herrschaft weigert und nie ohne Zins zurückgibt, was sie hat, sondern zuweilen mit geringerem, gemeiniglich aber mit größerem Ertrage. Doch mich erfreut nicht nur die Frucht, sondern auch die Triebkraft und Natur der Erde selbst. Wenn sie in ihren erweichten und aufgelockerten Schoß den ausgestreuten Samen aufgenommen hat, behält sie ihn zuerst verdeckt zurück; daher nennen wir im Lateinischen das Eggen, wodurch der Samen verdeckt wird, occatio von occaecare, verdecken, unsichtbar machen[168] . Sodann dehnt sie den durch ihren Dunst und ihre Umfassung erwärmten Samen aus[169] und lockt aus ihm das grasartig aufsprießende Grün, das, auf Wurzelfäden gestützt, allmälich heranwächst, sich an einem knotigen Halme

---

• Dann fährt Cicero fort: Πειθὼ quam vocant Graeci, cujus effector est orator, hanc Suadam appellavit Ennius, ut, quam deam in Pericli labris scripsit Eupolis sessitavisse, hujus hic medullam nostrum oratorem fuisse dixerit.

[167] S. oben .

[168] Die Ableitung des Wortes occatioEggen, von occaecare,blind, unsichtbar machen, verdecken, ist durchaus verfehlt; occatio kommt von occare, eggen. Im Etymologisiren waren überhaupt die Alten, die Griechen sowol als die Lateiner, keine Helden. Man vergleiche nur z. B. die wunderbaren Etymologien bei Cicer. N. D. II. 26 u. 27. Uebrigens mußte die Uebersetzung der Worte: primum id occaecatum cohibent, ex quo occatio, quae hoc efficit, nominata est, sich etwas frei bewegen.

[169] Nach der Lesart der Handschriften diffundit, die auch Halm beibehalten hat; die Lesart diffindit, welche sich in allen neueren Ausgaben findet, scheint eine bloße Muthmaßung zu sein.

emporrichtet und jetzt, gleichsam mannbar werdend, sich in Schoß-balge einschließt. Und wenn es aus diesen hervorbricht, so entfaltet es die reihenartig gebaute Frucht der Aehre und schützt sich durch einen Wall von Stacheln gegen den Biß der kleinen Vögel.

Was soll ich die Entstehung, das Pflanzen und Heranwachsen der Weinstöcke erwähnen? Dieß bietet, damit ihr die Erholung und den Genuß meines Alters kennen lernet, eine Unterhaltung, an der ich mich nicht genug freuen kann. Ich übergehe die Triebkraft selbst aller Erdgewächse, die aus einem so kleinen Feigen- oder Wein-beerkerne oder aus den kleinsten Samenkörnern der übrigen Früch-te oder Pflanzen so große Stämme und Aeste hervorbringt. Was die Fächser, Setzlinge, Reiser, Ableger, Senker aus sich schaffen, muß es nicht Jeden mit Freude und Bewunderung erfüllen? Der Weinstock nun, der doch von Natur hinfällig ist und, wenn er nicht gestützt wird, zur Erde sinkt, umfaßt trotzdem, um sich aufzurichten, mit seinen Ranken wie mit Händen Alles, was er erreicht. Da er in mannigfaltigen sich schlängelnden Windungen fortkriecht, so be-schränkt ihn die der Landbauer, indem sie ihn mit dem Messer beschneiden, da mit er nicht durch die Reiser in's Holz wachse und sich zu sehr nach allen Richtungen ausbreite. So tritt zu Anfang des Frühlings an dem übrig gebliebenen Holze, gleichsam an den Ge-lenken der Reiser, das sogenannte Auge hervor. Aus diesem bricht die Traube hervor und entwickelt sich. Sie wächst durch den Saft der Erde und durch die Sonnenwärme, hat anfänglich einen sehr herben Geschmack, wird aber darauf, zur Reife gelangt, süß, und mit Laub bekleidet entbehrt sie einerseits nicht einer mäßigen Wärme und wehrt andererseits die zu große Sonnenhitze ab. Kann wol Etwas theils für den Genuß erfreulicher, theils für den Anblick schöner sein als sie?

Aber, wie ich vorhin bemerkte, nicht allein der Nutzen des Wein-stockes, sondern auch sein Anbau und selbst seine natürliche Be-schaffenheit macht mir Freude: die Reihen der Stützpfähle, die Ver-knüpfung der Ranken, das Anbinden und Fortpflanzen der Stöcke, die zuvor erwähnte Beschneidung der Reiser und die Einsenkung derselben.

Was soll ich die Bewässerung, das Aufgraben und Umhacken des Ackers anführen, wodurch die Erde ungleich fruchtbarer wird? Was soll ich von der Nützlichkeit der Düngung reden? Ich habe darüber in dem Buche über die Landwirtschaft[170] geschrieben. Der gelehrte Hesiodus[171] hat davon auch nicht ein Wort gesagt, obwol er über den Ackerbau geschrieben hat. Homerus hingegen, der, wie ich glaube, viele Menschenalter früher lebte, läßt den Laertes die Sehnsucht, die er wegen seines Sohnes empfand, dadurch lindern, daß er den Acker bebaut und düngt

[172] . Aber nicht allein die die Wiesen, die Weingärten und Baumpflanzungen sind es, die mir die Landwirtschaft erfreulich machen, sondern auch die Gartenanlagen und die Obstgärten, dann die Viehweiden, die Bienenzucht und die Mannigfaltigkeit von allerlei Blumen. Und nicht nur das Anpflanzen macht Freude, sondern auch das Pfropfen, das die sinnreichste Erfindung des Landbaues ist.

Ich könnte noch viele Annehmlichkeiten der Landwirtschaft anführen; aber schon das Gesagte ist, wie ich merke, zu lang geworden. Ihr werdet es mir aber zugute halten; denn theils habe ich mich durch die Vorliebe für die Landwirtschaft fortreißen lassen, theils ist das Alter von Natur etwas geschwätzig, damit es nicht scheine, als ob ich es von allen Fehlern freisprechen wollte.

---

[170] Das Buch führt die Aufschrift: De re rustica.

[171] Ueber Hesiodus s. zu .

[172] f.:

τὸν δ' οἶον πατέρ εὗρεν εϋκτιμένη εν αλωῆ
λιστρεύοντα φυτόν.

•

• :

ἤτοι ο μὲν κάτ' ἔχων κεφαλὴν φυτόν αμφελάχεινε.

•

• An beiden Stellen ist von Düngung keine Rede; denn λιστρεύειν heißt umgraben, αμφιλαχαίνειν umhacken. Richtiger hätte angeführt werden können:
εν πολλῆ κόπρω, ἥ οι προπάροιθε θυράων
ημιόνων τε βοῶν τε ἅλις κέχυτ', ὀφρ' αν άγοιεν
ομῶες Ὀδυσσῆος τέμενος μέγα κοπρήσοντες.

•

•

Also in dieser Lebensweise brachte Manius Curius[173] nach seinen Triumphen über die Samniten und über den Pyrrhus die letzte Zeit seines Lebens zu; und wenn ich sein Landgut betrachte, – es liegt nicht weit von dem meinigen, – so kann ich theils die Genügsamkeit des Mannes selbst, theils die Sittenzucht damaliger Zeiten nicht genug bewundern. Als einstmals Curius am Herde saß, brachten ihm die Samniten eine große Summe Goldes, wurden aber damit abgewiesen. Denn es scheine ihm, erklärte er, nicht rühmlich Gold zu besitzen, wohl aber über die zu herrschen, welche Gold besäßen. Mußte nicht eine so hohe Gesinnung das Alter erfreulich machen?

Doch ich komme auf die Landleute zurück, um mich nicht von mir selbst zu entfernen. Auf dem Lande lebten damals Senatoren, das heißt Männer aus dem Rathe der Alten. So wurde zum Beispiel dem Lucius Quinctius Cincinnatus[174] , als er mit Pflügen war, seine Ernennung zum Dictator verkündet, und auf dieses Dictators Geheiß tödtete der Befehlshaber der Reiterei, Gajus Servilius Ahala, den nach der Königswürde trachtenden Spurius Mälius, indem er ihm vor Ausführung seines Vorhabens zuvorkam. Von ihren Landgütern wurden auch Curius und andere Greise in den Senat herbeigeholt, woher die, welche sie herbeiholten, Landboten[175] genannt wurden. War nun wol das Greisenalter dieser Männer beklagenswerth, die an der Bebauung des Feldes Vergnügen fanden? Nach meiner Meinung wenigstens dürfte wol kein Greisenalter glückseliger sein, und zwar nicht allein wegen des Berufes, weil der Land-

---

[173] Ueber Manius Curius Dentatus s. zu .

[174] Lucius Quinctius Cincinnatus war zweimal Dictator, zuerst im J. 458 v. Chr., sodann 49. In seiner ersten Dictatur befreite er den von den Aequern umzingelten Consul, Lucius Minucius Augurinus, und trug einen glänzenden Sieg über die Feinde davon, s. Livius III, 26 sqq.; das zweite Mal erhielt er die Dictatur, um die durch Spurius Mälius bedrohte Freiheit zu schützen. Spurius Mälius, ein reicher Plebejer, hatte nämlich während einer Hungersnoth Getreide aufgekauft und unentgeltlich unter das Volk vertheilt. Dadurch hatte er den Verdacht erregt, daß er nach der Königswürde strebe. Er wurde von Cincinnatus des Hochverraths angeklagt und vor Gericht geladen. Als er aber hier nicht erschien, wurde er von dem Befehlshaber der Reiterei, Gajus Servilius Ahala, ermordet. S. Livius IV, 13 sqq. Uebrigens hat Cicero diesen Vorfall fälschlich der ersten Dictatur des Cincinnatus zugewiesen; denn nur bei der ersten Ernennung zum Dictator wurde er vom Pfluge herbeigeholt.

[175] viatores.

bau dem gesammten Menschengeschlechte heilsam ist, sondern auch wegen des erwähnten Genusses und wegen des Ueberflusses und der Fülle aller Dinge, die zur Nahrung der Menschen und auch zum Dienste der Götter gehören. So können wir uns also, weil dieß doch Manche wünschen, wieder mit der Sinnenlust aussöhnen. Denn bei einem guten und fleißigen Hausvater ist der Weinkeller, der Oelkeller, auch die Speisekammer immer gefüllt, und sein ganzes Landgut ist wohl bestellt. Es hat Ueberfluß an Schweinen, jungen Ziegen, Lämmern, Hühnern, Milch, Käse, Honig. Ferner nennen die Landleute selbst den Garten die zweite Speckseite[176] . Mehr Würze erhalten diese Annehmlichkeiten auch durch den in müßigen Stunden vorgenommenen Vogelfang und die Jagd[177] .

Was soll ich von dem Grün der Wiesen oder von den Reihen der Bäume oder von der Schönheit der Wein- und Oelgärten weitläufig reden? Ich will mich kurz fassen. Nichts kann weder für den Nutzen ergiebiger noch für den Anblick reizender sein als gut angebautes Feldland, und an seinem Genusse hindert uns das Greisenalter durchaus nicht, ja es ladet vielmehr dazu ein und lockt an. Denn wo kann sich dieses Alter im Sonnenschein oder am Feuer besser erwärmen, oder hinwiederum im Schatten oder im Wasser eine gesündere Abkühlung genießen? Für sich mögen daher die jungen Leute ihre Waffen, für sich ihre Rosse, für sich die Speere, für sich die Keule[178] und den Ball, für sich das Schwimmen und Laufen behalten; uns Greisen mögen sie von ihren vielen Spielen nur das Knöchel- und Würfelspiel übrig lassen, und selbst von diesen beiden nach ihrem Belieben nur eines, weil das Greisenalter auch ohne diese glücklich sein kann.

---

[176] D. h. der Garten gewährt ebenso, wie die Speckseite des Schweines, dem Landmanne großen Nutzen.

[177] Ich lese mit Madvig (Opusc. II. p. 275 sq.) und Halm so: Conditiora facit haec supervacaneis etiam operis aucupium atque venatio. Die meisten Handschriften und Ausgaben lesen: supervacanei etiam operis.

[178] Die Keule statt des Schwertes zur Uebung. Veget. Milit. 2, 11: clavas ligneas pro gladiis tironibus dabant eoque modo exercebantur ad palos.

Zu vielen Dingen sind Xenophon's[179] Schriften ungemein nützlich. Lest sie eifrig, wie ihr es thut. Mit welcher Rednerfülle lobt er den Landbau in der Schrift von der Besorgung des Hauswesens, die Oekonomikus überschrieben ist! Und damit ihr einsehet, daß ihm Nichts so königlich scheint als die Beschäftigung des Landbaues, so erfahrt, wie Sokrates sich in dieser Schrift[180] mit dem Kritobulus[181] unterredet. Cyrus der Jüngere[182] , sagt er, ein königlicher Prinz Persiens, hervorragend durch Geist und Herrscherruhm, habe sich, als der Lacedämonier Lysander[183] , ein Mann von Tapferkeit, zu ihm nach Sardes kam und ihm Geschenke von den Bundesgenossen brachte, sowol in anderer Hinsicht artig und menschenfreundlich gegen Lysander benommen, als auch ihm einen umzäunten und sorgfältig bepflanzten Garten gezeigt. Als aber Lysander den schlanken Wuchs der Bäume und die in Gestalt einer Fünfzahl[184] geordneten Reihen derselben, den gelockerten und reinen Boden und die Lieblichkeit der Düfte, die ihm aus den Blumen zuströmten, bewunderte: da habe er gesagt, er bewundere nicht nur die Sorgfalt,

---

[179] Xenophon aus Athen, ein Schüler des Sokrates, geb. 447 v. Chr., gest. nicht vor 355. Die hier erwähnte Schrift Xenophon's, den Οἰκονομικός, die uns vollständig erhalten ist, hat Cicero in seinem einundzwanzigsten Jahre aus dem Griechischen in's Lateinische übersetzt. S. Cicer., wo man Beier p. 166 vergleiche. Weiter unten (Kap. 9, §. 30 u. Kap. 22) wird eine Stelle aus seiner Cyropädie (Κύρου παιδεία) erwähnt, in der er unter der Person des älteren Cyrus das Musterbild eines Fürsten aufstellt.

[180] Xenophon. Oecon. 4, 20–25.

[181] Kritobulus war ein Schüler des Sokrates.

[182] Der jüngere Cyrus, Statthalter von Kleinasien, jüngerer Sohn des Darius Nothus, Königs von Persien, Bruder des Königs Artaxerxes II., bekriegte diesen, um ihn vom Throne zu stoßen, fiel aber in der Schlacht bei Kunara in der Nähe Babylons (400 v. Chr.).

[183] Lysander, Feldherr der Lacedämonier, besiegte die Athener in der Schlacht bei Aegospotamos im Hellesponte 405 v. Chr., machte durch Eroberung Athens dem Peloponnesischen Kriege ein Ende und brachte die oberste Gewalt Griechenlands in die Hände der Lacedämonier.

[184] Lat. directos in quincuncem ordines, in der Gestalt der Römischen Fünf (V) in schrägen Reihen, nämlich so: ∴ , und in Verbindung mehrerer Bäume so: ⋮⋮ Uebrigens hat Cicero nicht wörtlich übersetzt, sondern nach der Weise, wie die Römer ihre Baumpflanzungen anordneten. Bei Xenophon Oecon. 4, 21 steht: ορθοὶ δὲ οι στίχοι τῶν δένδρων, ευγώνια δὲ πάντα καλῶς εἴη, d. h. die geraden Reihen der Bäume, in der Gestalt von rechten Winkeln geordnet.

sondern auch die Kunstfertigkeit des Mannes, der dieses Alles ausgemessen und angeordnet habe; und Cyrus habe ihm geantwortet: »Nun, ich habe dieses Alles ausgemessen; mein Werk sind die Reihen, mein Werk die Anordnung; auch viele dieser Bäume sind von meiner Hand gepflanzt.« Da habe Lysander, einen Blick auf sein Purpurgewand und die glänzende Schönheit seines Körpers und auf den Persischen Schmuck mit vielem Golde und vielen Edelsteinen werfend, gesagt: »Ja, mit Recht preist man dich glücklich, weil mit deiner Tüchtigkeit das Glück in Verbindung steht.«

Ein solches Glück zu genießen ist nun den Greisen gestattet, und nicht hindert das Alter die Liebe sowol zu anderen Beschäftigungen als auch ganz besonders zu dem Landbau bis zur letzten Zeit des Greisenalters beizubehalten. So haben wir zum Beispiel von Marcus Valerius Corvus[185] vernommen, er habe seine zum Landbau bis zum hundertsten Jahre fortgeführt, indem er in schon weit vorgerücktem Alter auf dem Lande lebte und es bebaute. Zwischen seinem ersten und sechsten Consulate verflossen sechsundvierzig Jahre. Es war also bei ihm die Laufbahn der Ehrenämter so lang, als nach Rechnung unserer Altvordern der Zeitraum des Menschenalters bis zum Anfange des Greisenalters[186] ist. Und der letzte Abschnitt seines Lebens war um so glücklicher als der mittlere, weil er mehr Ansehen, Arbeit hingegen weniger hatte.

Die Krone des Greisenalters ist aber das *Ansehen*. Wie groß war dieses bei Lucius Cäcilius Metellus[187] ! wie groß bei Atilius Calati-

---

[185] Marcus Valerius Corvus, einer der berühmtesten Römer, war sechsmal Consul, das erste Mal im J. 348 v. Chr., als er erst dreiundzwanzig Jahre alt war, das sechste Mal 299; zweimal Dictator, (342 und 301). Im H. 350 tödtete er als junger Kriegstribun einen Gallier, der den tapfersten Römer zum Zweikampf herausgefordert hatte; seinen Beinamen Corvus erhielt er von dem Raben, der ihm bei diesem Zweikampfe behülflich gewesen war (Livius 7, 25 sq.). Uebrigens hat sich Cicero verrechnet, wenn er sagt, daß zwischen dem ersten und sechsten Consulate 46 Jahre verflossen seien, da es 49 Jahre sind.

[186] Das Alter der Jugend rechneten die alten Römer bis zum 46sten Jahre; alsdann trat das Alter der seniores, d. h. der Bejahrten, ein; das eigentliche Greisenalter, die senectus, begann erst mit dem 61sten Jahre.

[187] Ueber Lucius Cäcilius Metellus s. zu .

nus[188] , auf den man jene bekannte Grabschrift gemacht hat: »Daß dieser Eine der erste Mann des Volkes war, darin stimmen alle Volksstämme überein.« Diese auf sein Grabdenkmal eingehauene Inschrift ist bekannt. Mit Recht gilt also der Mann für ehrwürdig, da über seine Vorzüge bei Allen nur Eine Stimme herrschte. Welchen Mann sahen wir an Publius Crassus[189] , der jüngst Hoher Priester war, welchen an Marcus Lepidus[190] , der späterhin dasselbe Priesteramt bekleidete! Was soll ich von Paullus oder Africanus[191] sagen? oder, wie schon vorher, von Maximus[192] ? Nicht allein in ihrem Urtheile, nein, auch in ihrem Winke thronte das Ansehen. Das Greisenalter hat, zumal wenn es mit Ehrenämtern bekleidet ist, ein Ansehen, das von höherem Werthe ist als alle Sinnengenüsse der Jugend.

Aber bedenkt, daß ich in meinem ganzen Vortrage dasjenige Greisenalter lobe, welches auf die Grundlage des Jünglingsalters gebaut ist. Hieraus folgt das, was ich einmal mit allgemeinem Beifalle sagte: »Traurig sei das Greisenalter, das sich durch eine Rede vertheidigen müsse.« Nicht graue Haare, nicht Runzeln können plötzlich das Ansehen an sich reißen, sondern das frühere ehrenhaft geführte Leben ärntet als seine letzten Früchte das Ansehen ein. Denn selbst *die* Dinge sind ehrenvoll, die für geringfügig und gewöhnlich gelten: daß man uns grüßt, uns aufsucht, uns ausweicht, vor uns aufsteht, uns von und nach Hause begleitet, uns um Rath fragt: Gebräuche, die man sowol bei uns als auch in anderen Staaten um so sorgfältiger beobachtet, je gesitteter sie sind. Der Lacedämonier Lysander, dessen ich eben[193] gedachte, soll öfters gesagt haben, Lacedämon sei der ehrenvollste Wohnsitz des Greisenalters. Denn nirgends erweist man dem Alter so viel Achtung, nirgends ist das Greisenalter geehrter. Sogar die Geschichte liefert uns einen Beweis

---

[188] Aulus Atilius Calatinus, ein höchst vortrefflicher Mann, im ersten Punischen Kriege zweimal Consul, (258 und 254 v. Chr.), 249 Dictator, 247 Censor.

[189] Ueber Publius Licinius Crassus s. zu .

[190] Marcus Aemilius Lepidus, 179 v. Chr. Censor, 187 und 175 Consul, seit 180 Hoher Priester. Vgl. Orelli Onomastic. h. v. p. 338.

[191] Ueber Lucius Aemilius Paullus und über den älteren Scipio Africanus s. zu .

[192] Ueber Quintus Fabius Maximus s. zu .

[193] .

dafür. Als in Athen zur Zeit der öffentlichen Spiele ein bejahrter Mann in das Schauspielhaus kam, wo eine große Menschenmenge beisammen saß; so wurde ihm von seinen Mitbürgern nirgends ein Platz eingeräumt. Als er sich aber den Lacedämoniern näherte, die als Gesandte auf einem bestimmten Platze saßen; so standen sie alle auf und räumten dem Greise einen Sitz ein. Da wurde von der ganzen Versammlung ein vielfaches Beifallklatschen erhoben, und Einer in der Versammlung äußerte, die Athener wüßten wohl, was recht sei, aber sie wollten es nicht thun.

Unser Augurenrath[194] besitzt viele herrliche Einrichtungen, aber ganz besonders ragt die hervor, um die es sich jetzt handelt, daß nämlich, sowie Einer an Alter vorgeht, er das Recht hat seine Stimme vor den Anderen abzugeben, und daß ältere Auguren nicht vor denen, die ein höheres Ehrenamt verwalten, sondern auch vor denen, die mit dem Oberbefehl[195] bekleidet sind, den Vorrang haben. Sind nun wol sinnliche Vergnügungen mit den Auszeichnungen des Ansehens zu vergleichen? Wer diese auf glänzende Weise genossen hat, der scheint mir das Stück seines Lebens ausgespielt zu haben, ohne, wie ungeübte Schauspieler, im letzten Aufzuge durchgefallen zu sein.

»Aber die Greise sind mürrisch, ängstlich, zornsüchtig, grämlich.« Ganz recht, und wenn wir weiter forschen, auch geizig. Aber das sind Fehler der Gemüthsart, nicht des Greisenalters. Indeß lassen das mürrische Wesen und die eben angeführten Fehler einige Entschuldigung zu, allerdings keine wohlbegründete, doch eine solche, welche annehmbar zu sein scheint: sie meinen nämlich, man verachte, verschmähe, verspotte sie; außerdem ist bei einem gebrechlichen Körper jede Beleidigung widerwärtig. Doch alle diese Fehler werden durch gute Sitten und wissenschaftliche Bildung gemildert,

---

[194] Das Amt der Auguren bestand darin, daß sie aus dem Fluge, den Stimmen und dem Fressen der Vögel, sowie auch aus der Beobachtung anderer Thiere und aus Himmelserscheinungen weissagten. Ihr Amt war lebenslänglich. Unter Romulus bestand ihr Collegium aus drei, unter Servius Tullius aus vier und seit Sulla aus funfzehn Mitgliedern. Cicero hatte eine Schrift de auguriis verfaßt, die aber verloren gegangen ist. S. Adam's Röm. Alterthüm. Bd. I. S. 329 ff.

[195] qui cum imperio sunt. Das imperium (den Oberbefehl), das die höchste militärische und richterliche Gewalt umfaßte, hatten nur die höheren Staatsbeamten, die Dictatoren, Consuln und Prätoren.

wie man es sowol im Leben sehen kann, als auch auf der Bühne an den Brüdern, die in den Adelphen[196] vorkommen. Wie groß ist bei dem Einen die Härte, bei dem Anderen die Freundlichkeit! So verhält sich die Sache. Wie nicht jeder Wein, so wird auch nicht jede Gemüthsart durch die Länge der Zeit sauer. Strengen Ernst billige ich am Greisenalter; doch er muß, wie Anderes, gemäßigt sein; Bitterkeit auf keine Weise. Was aber der Geiz im Greisenalter bedeuten soll, sehe ich nicht ein. Kann es denn wol etwas Ungereimteres geben als, je weniger Weg noch übrig ist, desto mehr Reisegeld zu suchen?

Es ist noch der vierte[197] Grund übrig, der unser Alter am Meisten zu ängstigen und zu bekümmern scheint, die *des Todes*, der sicherlich vom Greisenalter nicht weit entfernt sein kann. O wie bedauernswerth ist ein Greis, der während eines so langen Lebens nicht eingesehen hat, daß der Tod zu verachten ist! Denn entweder ist er gänzlich außer Acht zu lassen, wenn er den Geist ganz auslöscht, oder er ist sogar zu wünschen, wenn er ihn irgendwohin führt, wo er ewig sein wird. Nun kann aber ein Drittes sicherlich nicht gefunden werden. Warum soll ich nun fürchten, wenn es meine Bestimmung ist nach dem Tode entweder nicht elend oder sogar glückselig zu sein? Und doch, wer ist so thöricht, daß er, so jung er auch sein mag, es für ausgemacht halten sollte, er werde bis zum Abende leben? Ja, dieses Alter hat sogar ungleich mehr Todesgefahren als das unserige. Junge Leute fallen leichter in Krankheiten, liegen schwerer darnieder, werden schwieriger geheilt. Daher gelangen nur Wenige zum Greisenalter, und wäre dieß nicht der Fall[198] , so würde man besser und vorsichtiger leben. Denn Verstand, Vernunft

---

[196] Adelphen (Adelphi d. h. Brüder) hieß ein dem Griechischen Komiker Menander nachgebildetes Lustspiel des Publius Terentius aus Karthago (um 192–155 v. Chr.), ein Freigelassener des Terentius Lucanus, ein Freund des Scipio und Lälius.

[197] S. .

[198] Wenn nicht so viele Menschen in der Jugend stürben, so würde es mehr Greise geben und somit auch mehr Klugheit und Weisheit unter den Menschen herrschen.

und Klugheit finden sich bei den Greisen, und wären nie solche gewesen, so würde es gar keine Staaten[199] geben.

Doch ich kehre zu dem bevorstehenden Tode zurück. Was ist das für ein Vorwurf für das Greisenalter, da ihr seht, daß es dieses mit dem Jünglingsalter gemein hat? Ich empfand bei meinem vortrefflichen Sohne[200] , du bei deinen zur höchsten Würde berechtigten Brüdern[201] , mein Scipio, daß der Tod jedem Alter gemein ist.

»Aber der Jüngling hofft, er werde lange leben, was der Greis auf gleiche Weise nicht hoffen kann.« Unweise hofft er es. Denn was ist thörichter als Ungewisses für Gewisses zu halten, Falsches für Wahres?

»Aber der Greis hat nicht einmal Etwas zu « Nun, um so besser ist er daran als der Jüngling, weil er das, was dieser noch hofft, schon erlangt hat. Dieser *will* lange leben, jener *hat* lange gelebt. Doch, o gute Götter, was heißt im menschlichen Leben *lange?* Setze das äußerste Lebensziel, laß uns das Alter des Königs von *Tartessus*[202] erwarten. Es lebte nämlich, wie ich geschrieben finde, ein gewisser Arganthonius zu Gades, der achtzig Jahre herrschte und hundertundzwanzig lebte. Aber mir scheint nicht einmal Etwas lang, was ein Ende hat; denn wenn dieses gekommen ist, dann ist das, was vergangen ist, verflossen; nur so viel bleibt zurück, als man sich durch Tugend und edle Handlungen erworben hat. Stunden entweichen und Tage und Monate und Jahre, und nie kehrt die vergangene Zeit zurück, noch kann man wissen, was folgt. Soviel Zeit Jedem zum Leben verliehen ist, damit soll er zufrieden sein. Denn sowie der Schauspieler sein Stück nicht durchzuspielen braucht, um zu gefallen, wenn er in irgend einem Aufzuge, in dem er auftritt,

---

[199] Vgl. oben .

[200] Cato's Sohn starb im J. 152 v. Chr., als er zum Prätor ernannt worden war.

[201] Lucius Aemilius Paullus, der leibliche Vater des jüngeren Scipio Africanus, verlor seine beiden jüngsten Söhne im Jahr 167 v. Chr. innerhalb acht Tagen, den einen in einem Alter von zwölf, den anderen von 14 Jahren.

[202] Arganthonius, König von Tartessus, einer Stadt am Ausflusse des Bätis (Guadalquivir), und von Gades (Kadix), lebte zur Zeit des älteren Cyrus. Herod. I. 163: (οι Φωκαιέες) προσφιλέες εγένοντο τῷ βασιλέϊ τῶν Ταρτησσίων, τῷ οὔνομα μὲν ἦν Ἀργανθώνιος, ετυράννευσε δὲ Ταρτησσοῦ ογδώκοντα ἔτεα, εβίωσε δὲ πάντα εἴκοσι καὶ εκατόν, woselbst man Bähr nachsehe T. I. p. 320 sq. ed. II.

Beifall einärntet; so braucht auch der Weise nicht bis zum »*Klat-schet!*«[203] zu kommen. Denn eine kurze Lebenszeit ist lang genug zu einem guten und rechtschaffenen Leben. Ist man aber weiter vorge-schritten, so ist es eben so wenig zu beklagen, als es die Landleute beklagen, wenn nach vergangener Anmuth der Frühlingszeit der Sommer und Herbst kommt. Denn der Frühling bezeichnet gleich-sam das Jünglingsalter und zeigt die künftigen Früchte; die übrigen Jahreszeiten aber sind zum Einärnten und Genießen der Früchte geeignet. Die Frucht des Greisenalters aber besteht, wie ich schon oft gesagt habe, in der reichen Erinnerung der vorher erworbenen Güter. Alles aber, was naturgemäß geschieht, muß man für ein Gut halten. Was ist aber so naturgemäß, als daß die Greise sterben? Dieß widerfährt aber auch jungen Leuten mit und Widerstreben der Na-tur. Daher scheinen mir junge Leute so zu sterben, wie wenn die Gewalt der Flamme durch eine Menge Wasser erstickt wird, Greise hingegen so, wie wenn ein von selbst, ohne Anwendung von Ge-walt, sich verzehrendes Feuer erlischt. Und gleichwie das Obst, wenn es noch unreif ist, sich nur mit Mühe von den Bäumen abrei-ßen läßt, wenn es aber reif und durch die Sonne gezeitigt ist, abfällt; so nimmt jungen Leuten die Gewalt, alten die Reife das Leben. Und diese ist mir wenigstens so erfreulich, daß, je näher ich dem Tode rücke, ich gleichsam Land zu sehen und nach einer langen Seefahrt endlich einmal in den Hafen zu kommen glaube.

[204] Das Greisenalter hat aber keine bestimmte Gränze, und man lebt in demselben gut, so lange man seine Berufspflicht erfüllen und behaupten kann[205] . Daher kommt es, daß das Greisenalter sogar beherzter und muthvoller ist als die Jugend. Hieraus läßt sich jene

---

[203] D. h. bis zum Schlusse des Stückes, wo durch den Ausruf: plaudite (klatscht) die Zuschauer zum Beifall aufgefordert wurden.

[204] Zu Anfang dieses Kapitels standen in älteren Ausgaben die Worte: Omnium aetatum certus est terminus. Sie finden sich aber in keiner einzigen glaubwürdigen Handschrift. Daher hat sie schon Manutius als einen unächten Zusatz aus dem Texte entfernt. Vgl. Madvig Opusc. II. p. 277.

[205] Nach den Worten: quod munus officii exsequi et tueri possis werden in den älteren Ausgaben (auch noch bei Klotz) die Worte: mortemque contemnere hinzugefügt. Halm hat sie als unächt in Klammern eingeschlossen. Daß der Zusatz sowol in kritischer Hinsicht als wegen des verkehrten Gedankens zu verwerfen sei, zeigt Madvig Opusc. II. p. 278 auf das Deutlichste.

Antwort erklären, die Solon dem Machthaber Pisistratus[206] gab. Als nämlich dieser ihn fragte, auf welche Hoffnung er ein so großes Vertrauen setze, daß er so kühnen Widerstand leiste, soll er geantwortet haben: »Auf mein Alter.«

Aber das ist das beste Lebensende, wenn bei ungeschwächter Geisteskraft und gesunden Sinnen die Natur selbst das Werk, das sie zusammengefügt hat, auch wieder auflöst. Sowie ein Schiff, sowie ein Gebäude eben der am Leichtesten niederreißt, der es gebaut hat; ebenso löst auch den Menschen die Natur, die ihn zusammengefügt hat, am Besten wieder auf. Nun läßt sich aber jede noch frische Zusammenfügung nur mit Mühe, eine altgewordene hingegen mit auseinanderreißen. Hieraus folgt, daß Greise jenen kurzen Ueberrest des Lebens weder begierig suchen noch ohne Grund aufgeben dürfen. Daher verbietet Pythagoras[207] ohne Geheiß des Heerführers, das heißt Gottes, von dem Wachtposten des Lebens abzutreten. Von dem weisen Solon gibt es freilich eine Grabschrift, in der er erklärt, er wünsche nicht, daß sein Tod des Schmerzes und der Klagen seiner Freunde entbehre

[208]. Er wünscht, glaub' ich, den Seinigen theuer zu bleiben. Aber schöner drückt sich vielleicht Ennius

[209] also aus:

---

[206] Ueber Solon s. zu . Pisistratus herrschte von 560–510 v. Chr. über Athen.

[207] Ueber Pythagoras s. zu . Der hier ausgesprochene Gedanke findet sich auch bei Cicer. Tuscul. I. 30, 74: Vetat enim dominans ille in nobis deus injussu hinc nos suo demigrare, und Platon Phaedon. p. 62, B: ως ἐν τινι φρουρᾶ εσμεν οι ἄνθρωποι και ου δεῖ δὴ εαυτὸν εκ ταύτης λύειν ουδ' αποδιδράσκειν, wo man Stallbaum p. 30 sq. ed. 3 nachlese.

[208] Das Distichon aus einem elegischen Gedichte Solon's, das Cicero hier als eine Grabschrift bezeichnet, findet sich bei Plutarch. Comp. Solon. c. Popl. c. 1:
Μηδέ μοι ἄκλαυστος θάνατος μόλοι, αλλὰ φίλοισι
    Καλλείποιμι θανὼν ἄλγεα καὶ στοναχάς.
●
● Cicero hat dasselbe Tuscul. I. 49, 117 so übersetzt:
Mors mea ne careat lacrimis; linquamus amicis
    Moerorem, ut celebrent funera cum gemitu.
●
●

Niemand möge mit Thränen mich ehren noch klagend bestatten!

Er urtheilt, der Tod sei nicht zu betrauern, auf den die Unsterblichkeit folge.

Nun kann beim Sterben wol einige Empfindung stattfinden, doch nur auf kurze Zeit, zumal bei einem Greise. *Nach* dem Tode aber ist die Empfindung wünschenswerth, oder es ist keine vorhanden. Aber man muß sich von Jugend auf durch Nachdenken darauf vorbereiten, daß man sich um den Tod nicht kümmere. Denn ohne diese Vorbereitung kann Niemand ruhigen Gemüthes sein. muß man ja gewiß; nur das ist ungewiß, ob nicht noch an demselben Tage. Wer nun den zu allen Stunden bevorstehenden Tod fürchtet, wie kann der eine feste Stimmung behaupten?

Hierüber scheint mir nicht eben eine lange Erörterung nöthig zu sein, wenn ich mir vergegenwärtige, nicht etwa den Lucius Brutus[210] , der bei der Befreiung des Vaterlandes getödtet wurde; nicht die beiden Decier[211] , die zum freiwilligen Tode ihre Rosse anspornten; nicht den Marcus Atilius[212] , der zur Todtenmarter

---

[209] Ueber Ennius s. zu . Bei Cicer. Tuscul. I. 15, 34 steht das vollständige Distichon:
Nemo me lacrumis decoret nec funera fletu
Fexit. Cur? Volito vivus per ora virum.
•
•

[210] Lucius Junius Brutus, der bei der Befreiung seines Vaterlandes von der Herrschaft des Tarquinius Superbus besonders thätig gewesen war, wurde nach Vertreibung des Tarquinius aus Rom im J. 509 zum ersten Consul erwählt, fiel aber in einer Schlacht gegen die Vejenter und Tarquinier in einem Zweikampfe mit Aruns, einem Sohne des Tarquinius, der gleichfalls sein Leben verlor.

[211] Ueber die beiden Decier s. zu .

[212] Marcus Atilius Regulus wurde in dem ersten Punischen Kriege als Proconsul in Afrika 255 v. Chr. gefangen genommen und 250 wegen Auslösung der Gefangenen nach Rom geschickt, nachdem er den Eid geleistet hatte, wenn die Gefangenen nicht zurückgegeben würden, nach Karthago zurückzukehren. Zu Rom angelangt, widerrieth er selbst die Auslösung und kehrte nach Karthago zurück, wo er auf die grausamste Weise getödtet worden sein soll. Vgl. Cicer. sqq. Uebrigens erzählen die Schriftsteller den Tod des Regulus verschieden; der für diese Zeit wichtigste Historiker, Polybius, erwähnt Nichts. Daher ist in neueren Zeiten die Wahrheit der Erzählung von dem grausamen

abreiste, um sein dem Feinde gegebenes Wort zu erfüllen; nicht die beiden Scipionen[213] , die den Puniern sogar mit ihren Leibern den Weg versperren wollten; nicht deinen Großvater Lucius Paullus[214] , der die Verwegenheit seines Amtsgenossen in der Niederlage bei Cannä mit dem Tode büßte; nicht den Marcus Marcellus[215] , dessen nicht einmal der grausamste Feind der Ehre des Begräbnisses entbehren ließ[216] , sondern unsere Legionen, die, wie ich in meiner Urgeschichte[217] niedergeschrieben habe, sich mit freudigem und aufgerichtetem Muthe oft an Orte begaben, von wo sie nie zurückzukehren glaubten. Was also junge Männer, und zwar nicht allein ungebildete, sondern auch Leute vom Lande gering achten, davor sollten sich gebildete Greise fürchten?

Ueberhaupt verursacht, wie es mir wenigstens scheint, die Sättigung aller Lieblingsbeschäftigungen auch Sättigung des Lebens. Die Kindheit hat ihre bestimmten Lieblingsbeschäftigungen. Haben nun wol die Jünglinge Verlangen nach diesen? Auch das angehende Jünglingsalter hat solche. Sehnt sich wol nach ihnen das schon gesetzte Alter, das wir das mittlere nennen, nach ihnen zurück? Auch dieses Alter hat solche; aber auch nach diesen fragt das Greisenalter nicht. Zuletzt gibt es auch gewisse Lieblingsbeschäftigungen des Greisenalters. Sowie also die Beschäftigungen des früheren Lebensalters absterben, so sterben auch die des Greisenalters ab. Und erfolgt dieß, so bringt die Sättigung des Lebens den Zeitpunkt herbei, der uns zum Tode reif macht.

Tode des Regulus vielfach bezweifelt worden. Das steht aber historisch fest, daß Regulus in der Gefangenschaft der Karthager starb.

[213] Ueber die beiden Scipionen s. zu .

[214] Ueber Lucius Aemilius Paullus s. zu .

[215] Marcus Claudius Marcellus, der in seinem ersten Consulate (222 v. Chr.) die Gallier bei Clastidium im Cispadanischen Gallien besiegte, ihren König Viridomarus in einem Zweikampfe tödtete, im zweiten Punischen Kriege (216) den Hannibal bei Nola in Kampanien in die Flucht schlug, dann Syrakus belagerte und eroberte (212), zuletzt in dem Treffen bei Venusia in Lucanien, von Hannibal besiegt, fiel (208).

[216] S. Livius 27, 28. Plutarch. Marcell. c 30: επιθαυμάσας τὸ παράλογον τῆς τελευτῆς τὸν μὲν δακτύλιον αφείλετο, τὸ δὲ σῶμα κοσμήσας πρέποντα κόσμω καὶ περιστείλας εντίμως ἔκαυσε.

[217] S. zu .

Ich sehe nicht ein, warum ich es nicht wagen sollte euch meine Gedanken über den Tod vorzutragen, wovon ich eine um so bessere Einsicht zu haben meine, je näher ich demselben stehe. Ich bin der Ansicht, daß euere Väter[218] , Publius Scipio, und du, Gajus Lälius, Männer, die das größte Ansehen besaßen und mir höchst befreundet waren, leben, und zwar ein Leben, das allein den Namen »Leben« verdient. Denn so lange wir in diese Schranken des Körpers eingeschlossen sind, verrichten wir ein gewisses Amt des unvermeidlichen Verhängnisses. Der himmlische Geist ist nämlich aus seiner so erhabenen Heimat herabgedrückt und gleichsam herabgesenkt die Erde, einen seinem göttlichen und ewigen Wesen unangemessenen Ort. Aber ich glaube, die unsterblichen Götter haben die Seelen in die menschlichen Körper eingepflanzt, damit es Wesen gebe, welche die Erde in Obhut nehmen und welche, die Ordnung der Himmelskörper betrachtend, dieselbe in Maßhaltung und Gleichmäßigkeit ihres Lebens nachahmen[219] .

Und zu diesem Glauben hat mich nicht allein das Nachdenken und die wissenschaftliche Untersuchung angetrieben, sondern auch die Berühmtheit und das Ansehen der größten Philosophen. Ich hörte, Pythagoras[220] und die Pythagoreer – ich möchte sie unsere Landsleute nennen, da sie ehemals Italische Philosophen genannt wurden – hätten niemals gezweifelt, daß wir Seelen hätten, die aus der göttlichen Weltseele entnommen[221] seien. Es wurde mir außer-

---

[218] Lucius Aemilius Paullus Macedonicus (s. zu) und Gajus Lälius. Freund und Kampfgenosse des älteren Scipio Africanus, im J. 190 v. Chr. Consul mit Lucius Cornelius Scipio Asiaticus.

[219] Cicer. N. D. II. 14, 38: ipse autem homo ortus est ad mundum contemplandum et imitandum. Der Mensch soll nach der Lehre der Stoiker die vernünftige, durch die göttliche Vernunft bestehende Ordnung des Weltganzen, die Vernünftigkeit und Gesetzmäßigkeit der allgemeinen Natur in seinem ganzen Leben nachahmen. Dieß nannten sie ἕπεσθαι τῇ φύσει (folge der Natur) oder ὁμολογουμένως τῇ φύσει ζῆν (lebe in Uebereinstimmung mit der Natur). S. Schwegler Gesch. der Philos. S. 89. Zeller Gesch. d. Gr. Phil. Th. III S. 126 ff.

[220] Ueber Pythagoras und die Pythagoreer s. zu .

[221] ex universa mente divina delibatos animos. Cicer. Divin. I. 49, 110: a qua (natura deorum) . . haustos animos et libatos habemus. Tuscul. V. 13. 38: humanus animus decerptus ex mente divina cum nullo nisi cum ipso deo comparari potest. Aus der Lehre des Pythagoras über die menschliche Seele führt Diog. L. VIII, 28 folgenden Satz an: εἶναι δὲ τὴν ψυχὴν ἀπόσπασμα αιθέρος καὶ τοῦ

dem gezeigt[222] , was Sokrates am letzten Tage seines Lebens über die Unsterblichkeit der Seele gesprochen hatte, er, der durch Ausspruch des Apollo

[223] für den Weisesten unter Allen erklärt worden war. das ist meine Ueberzeugung, das mein Urtheil: »Da die Seele eine so große Schnelligkeit, eine so große Erinnerung an das Vergangene und Einsicht in das Zukünftige besitzt; da sie so umfangreiche Wissenschaften inne hat und so viele Erfindungen gemacht hat: so kann ein Wesen, welches solche Dinge umfaßt, nicht sterblicher Art sein. Und da die Seele sich in beständiger Bewegung befindet und keinen Anfang der Bewegung hat, weil sie sich selbst bewegt; so wird sie auch kein Ende der Bewegung haben, weil sie sich selbst nie verlassen wird. Und da das Wesen der Seele einfach ist und in sich nichts ihr Ungleiches und Unähnliches beigemischt enthält, so kann sie nicht getheilt werden, und wenn sie das nicht kann, so kann sie auch nicht untergehen. Und zum großen Beweise, daß die Menschen das Meiste schon vor ihrer Geburt wissen, dient der Umstand, daß sie schon als Kinder, wenn sie schwierige Wissenschaften lernen, unzählige Gegenstände so schnell auffassen, daß sie dieselben nicht jetzt erst zu empfangen, sondern sich dieselben nur durch Rückerinnerung zu vergegenwärtigen scheinen.« Das ist etwa die Ansicht Plato's[224] .

Bei Xenophon[225] aber spricht sich der ältere Cyrus nahe vor seinem Tode also aus: »Glaubt nicht, o meine theuersten Söhne, daß

θερμοῦ καὶ τοῦ ψυχροῦ τῷ συμμετέξειν ψυχροῦ αἰθέρος· διαφέρειν τε ψυχὴν φωῆς· ἀθάνατόν τε εἶναι αὐτήν, ἐπειδήπερ καὶ τὸ ἀφ' οὗ ἀπέσπασται ἀθάνατόν εστι.

[222] in Plato's Phädon.

[223] S. Platon. Apol. Socr. p. 21, A. Nach dem Scholiasten des Aristophanes (Nub. 144) lautete das Orakel also:
Σοφὸς Σοφοκλῆς, σοφώτερος δ' Εὐριπίδης,
Ἀνδρῶν δὲ πάντων Σωκράτης σοφώτατος.
●
●

[224] Die hier kurz aus Plato's Phädon zusammengestellten Ansichten über die Unsterblichkeit der Seele führt Cicero in dem ersten Buche der Tusculanen weiter aus.
[225] Xenoph. Cyrop. VIII. 7, 17 sqq. S. zu .

ich, wenn ich von euch geschieden bin, nirgends oder gar nicht mehr sein werde. Ihr saht ja auch, so lange ich bei euch war, meine Seele nicht; aber daß sie in diesem Körper wohne, erkanntet ihr aus den Handlungen, die ich verrichtete. Glaubt also, daß sie gleichfalls fortbestehe, wenn ihr sie auch nicht sehen werdet. Und wahrlich, die Ehrenbezeigungen berühmter Männer würden nach ihrem Tode nicht fortdauern, wenn ihr Geist Nichts wirkte, wodurch wir das Andenken an sie länger bewahrten[226]. Ich wenigstens konnte nie davon überzeugen, daß die Seelen, so lange sie in den sterblichen Körpern seien, lebten und, wenn sie aus denselben herausgegangen seien, dahinstürben; auch nicht, daß die Seele vernunftlos sei, wenn sie aus dem vernunftlosen Körper entwichen sei; sondern vielmehr, daß, wenn sie, von aller körperlichen Beimischung befreit, rein und lauter zu sein begonnen habe, dann erst weise sei. Auch ist es, wenn das Wesen des Menschen durch den Tod aufgelöst wird, deutlich, wohin jeder der übrigen Bestandtheile komme; es kehrt nämlich Alles dahin zurück, woher es entstanden ist; die Seele allein aber ist, weder wenn sie da ist, sichtbar, noch wenn sie weggeht. Ferner seht ihr, daß Nichts dem Tode so ähnlich ist als der Schlaf. Nun aber thun die Seelen der Schlafenden am Meisten ihr göttliches Wesen kund; denn wenn sie losgespannt und frei sind, sehen sie Vieles von der Zukunft voraus. Hieraus ersieht man, wie sie beschaffen sein werden, wenn sie sich völlig von den Banden des Körpers losgemacht haben. Darum, fährt er fort, wenn dem so ist, verehrt mich wie einen Gott; ist es aber die Bestimmung der Seele, zugleich mit dem Körper unterzugehen, so werdet ihr doch aus Ehrfurcht vor den Göttern, die dieses schöne Weltall schirmen und leiten, das Andenken an mich fromm und unverletzt bewahren.«

So äußerte sich der sterbende Cyrus. Laßt uns nun, wenn es beliebt, einen Blick auf unsere Geschichte thun. Niemand wird mich, mein Scipio, je überzeugen, daß dein Vater Paullus[227] oder

---

[226] Bei Xenoph. l. d. §. 18: τοῖς δὲ φθιμένοις τὰς τιμὰς διαμένειν ετι ἀν δοκεῖτε, ει μηδενὸς αυτῶν αι ψυχαὶ κύριαι ἦσαν; d. h. glaubt ihr, daß den Todten die Ehrenbezeigungen verbleiben würden, wenn ihre Seelen über Nichts mehr Herren wären? Der Sinn unserer Stelle ist also: Ehrenbezeigungen berühmter Männer dauern fort, weil ihr Geist auch nach ihrem Tode auf die Menschen einwirkt.

[227] S. zu .

deine beiden Großväter Paullus und Africanus[228] oder des Africanus[229] Vater oder Oheim oder viele andere ausgezeichnete Männer, die aufzuzählen nicht nöthig ist, so große Dinge unternommen hätten, die mit dem Andenken der Nachwelt in Beziehung stehen, wenn sie nicht in ihrem Geiste erkannt hätten, daß die Nachwelt mit ihnen in Beziehung stehe. Oder meinst du, – um auch von meiner Person nach Art alter Leute Etwas ruhmredig zu sagen, – ich würde so große Mühen bei Tage und bei Nacht im Frieden und im Kriege übernommen haben, wenn ich meinen Ruhm durch dieselben Gränzen, mein Leben, hätte beschränken wollen? Wäre es alsdann nicht ungleich besser gewesen mein Leben in Muße und Ruhe ohne alle Mühe und Anstrengung hinzubringen? Aber mein Geist, der sich, ich weiß selbst nicht wie, emporrichtete, blickte immer so auf die Nachwelt hin, als ob er dann erst leben würde, wenn er aus dem Leben herausgetreten wäre. Verhielte es sich nicht so, daß die Seelen unsterblich seien; so würden nicht die Seelen gerade der Edelsten am Meisten nach dem Ruhme der Unsterblichkeit[230] streben. Wie? daß gerade die Weisesten mit der größten Gemüthsruhe, die Thörichtesten mit dem größten Unmuthe sterben, scheint euch darin nicht ein Beweis zu liegen, daß der Geist, der mehr und weiter sieht, erkennt, er gehe zu einem besseren Leben über, während derjenige, dessen Blick minder scharf ist, es nicht erkennt? Ich wenigstens fühle mich von dem Verlangen gehoben euere Väter, die ich verehrt und geliebt habe, zu sehen. Aber ich wünsche nicht allein mit denen zusammenzukommen, die ich selbst kannte, sondern auch mit denen, von denen ich gehört, gelesen und selbst geschrieben habe. Und wenn ich mich auf dem Wege dahin befände, so dürfte mich wahrlich nicht leicht Jemand davon zurückbringen, noch wie den Pelias wieder aufkochen[231] . Und wollte es mir die

---

[228] S. zu .

[229] Die Brüder Publius Scipio, der der Vater des älteren Scipio Africanus war, und Gnäus Scipio. S. zu .

[230] ad immortalitatis gloriam. So liest richtig Halm nach den Handschriften statt ad immortalitatem gloriae, das Orelli, Klotz und Andere aufgenommen haben. Gloria immortalitatis heißt ein Ruhm, der der Unsterblichkeit angehört, also ein ewiger Ruhm.

[231] Cicero hat hier den Pelias mit dem Aeson verwechselt. Aeson wurde von seinem Stiefbruder Pelias des ihm rechtmäßig zukommenden Königreichs Jolkos

Gottheit verleihen aus diesem Alter in die Kindheit zurückzukehren und in der Wiege zu wimmern, so würde ich mich dessen weigern, und ich würde in Wahrheit nicht wünschen gleichsam nach durchlaufener Bahn vom Ziele wieder zu den Schranken[232] zurückgerufen zu werden.

Denn was hat das Leben für Annehmlichkeiten? was hat es nicht vielmehr für Mühseligkeiten? Aber mag es immerhin jene haben, so hat es doch gewiß auch seine Sättigung oder sein Maß. Denn ich habe keine Lust das Leben zu bejammern, wie es viele und zwar gelehrte Männer oft gethan haben; auch gereut es mich nicht gelebt zu haben, weil ich so gelebt habe, daß ich nicht umsonst geboren zu sein meine, und ich scheide so aus dem Leben wie aus einem Gasthause, nicht wie aus einem Wohnhause. Denn zum *Verweilen* hat uns die Natur eine Einkehr gegeben, nicht zum *Wohnen*. O des herrlichen Tages, an dem ich zu jener göttlichen Versammlung und Zusammenkunft der Geister gehen und aus diesem Gewühle und Gewirre scheiden werde. Denn ich werde nicht allein zu den Männern kommen, von denen ich zuvor sprach, sondern auch zu meinem Cato[233], dem edelsten, dem durch kindliche Liebe ausgezeichnetsten Manne, der je geboren ward, dessen Leichnam ich verbrannte, während er dem meinigen diesen Dienst hätte erweisen sollen. Sein Geist aber, der mich nicht verläßt. sondern nach mir zurückschaut, ist unstreitig in jene Räume hingegangen, wohin ich gleichfalls, wie er wußte, kommen muß. Diesen meinen Unfall sah man mich standhaft ertragen, nicht als ob ich ihn mit Gleichgültigkeit ertragen hätte, sondern ich tröstete mich selbst mit dem Gedanken,

beraubt. Auf Bitten seines Sohnes Jason wurde der greise Aeson von der Medea, die dem Jason von Kolchos nach Jolkos gefolgt war, durch Zaubermittel wieder jung gemacht. Um sich an dem Pelias zu rächen, versprach Medea den Töchtern des Pelias diesen gleichfalls wieder jung zu machen. Sie ließ die Töchter ihren Vater zerstücken und mit Kräutern kochen, machte ihn aber nicht wieder lebendig. S. Nitsch-Klopfer Mytholog. Wörterb. Th. I. S. 90–92

[232] zu den Schranken, den Anfangspunkten der Rennbahn. Das Bild der Rennbahn wird bei den Alten oft auf das menschliche Leben übertragen. Vgl. . Tusc. I. 8, 15.

[233] Dem Sohne, der schon erwähnt worden ist. Er war der Schwiegersohn des Lucius Aemilius Paullus, unter dem er in der Schlacht gegen den Perseus kämpfte. Er starb als designirter Prätor im J. 153 v. Chr.

daß die Trennung und Scheidung zwischen uns von nicht langer Dauer sein werde.

Solche Vorstellungen, mein Scipio, – das war es ja, was du, wie du sagtest[234] , mit Lälius zu bewundern pflegtest, – machen mir das Alter leicht und nicht allein nicht beschwerlich, sondern sogar erfreulich. Wenn ich nun darin irre, daß ich an Unsterblichkeit der menschlichen Seele glaube, so irre ich gerne, und ich werde mir diesen Irrthum, an dem ich Freude finde, so lange ich lebe, nicht entreißen lassen. Sollte ich aber nach meinem Tode, wie gewisse kleinmüthige Philosophen[235] meinen, kein Bewußtsein mehr haben, so fürchte ich nicht, daß die todten Philosophen diesen meinen Irrthum verspotten. Ist es nun auch unsere Bestimmung nicht unsterblich zu sein, so ist es doch für den Menschen wünschenswerth, daß sein Leben zu seiner Zeit erlösche. Denn die Natur hat, wie für alle anderen Dinge, so auch für das Leben ein gewisses Maß festgesetzt. Das Greisenalter ist aber der letzte Aufzug des Lebens, wie der eines Schauspieles, und in ihm müssen wir die Ermüdung meiden, zumal wenn Sättigung hinzutritt.

Das sind die Gedanken, die ich über das Greisenalter vorzutragen hatte. Möget ihr doch zu demselben gelangen, damit ihr das, was ihr von mir gehört habt, durch eigene Erfahrung bestätigen könnet.

---

[234] S. .

[235] Cato meint insbesondere die Epikureer, welche die Unsterblichkeit der Seele leugneten.

Über tredition

Eigenes Buch veröffentlichen

tredition wurde 2006 in Hamburg gegründet und hat seither mehrere tausend Buchtitel veröffentlicht. Autoren veröffentlichen in wenigen leichten Schritten gedruckte Bücher, e-Books und audio-Books. tredition hat das Ziel, die beste und fairste Veröffentlichungsmöglichkeit für Autoren zu bieten.

tredition wurde mit der Erkenntnis gegründet, dass nur etwa jedes 200. bei Verlagen eingereichte Manuskript veröffentlicht wird. Dabei hat jedes Buch seinen Markt, also seine Leser. tredition sorgt dafür, dass für jedes Buch die Leserschaft auch erreicht wird.

Im einzigartigen Literatur-Netzwerk von tredition bieten zahlreiche Literatur-Partner (das sind Lektoren, Übersetzer, Hörbuchsprecher und Illustratoren) ihre Dienstleistung an, um Manuskripte zu verbessern oder die Vielfalt zu erhöhen. Autoren vereinbaren direkt mit den Literatur-Partnern die Konditionen ihrer Zusammenarbeit und partizipieren gemeinsam am Erfolg des Buches.

Das gesamte Verlagsprogramm von tredition ist bei allen stationären Buchhandlungen und Online-Buchhändlern wie z. B. Amazon erhältlich. e-Books stehen bei den führenden Online-Portalen (z. B. iBookstore von Apple oder Kindle von Amazon) zum Verkauf.

Einfach leicht ein Buch veröffentlichen: **www.tredition.de**

Eigene Buchreihe oder eigenen Verlag gründen

Seit 2009 bietet tredition sein Verlagskonzept auch als sogenanntes "White-Label" an. Das bedeutet, dass andere Unternehmen, Institutionen und Personen risikofrei und unkompliziert selbst zum Herausgeber von Büchern und Buchreihen unter eigener Marke werden können. tredition übernimmt dabei das komplette Herstellungs- und Distributionsrisiko.

Zahlreiche Zeitschriften-, Zeitungs- und Buchverlage, Universitäten, Forschungseinrichtungen u.v.m. nutzen diese Dienstleistung von tredition, um unter eigener Marke ohne Risiko Bücher zu verlegen.

Alle Informationen im Internet: **www.tredition.de/fuer-verlage**

tredition wurde mit mehreren Innovationspreisen ausgezeichnet, u. a. mit dem Webfuture Award und dem Innovationspreis der Buch Digitale.

tredition ist Mitglied im Börsenverein des Deutschen Buchhandels.

Dieses Werk elektronisch lesen

Dieses Werk ist Teil der Gutenberg-DE Edition DVD. Diese enthält das komplette Archiv des Projekt Gutenberg-DE. Die DVD ist im Internet erhältlich auf **http://gutenbergshop.abc.de**

Zeitfracht Medien GmbH
Ferdinand-Jühlke-Straße 7
99095 Erfurt, Deutschland
produktsicherheit@kolibri360.de